Inhalt

Kennenlern-Spiele

Zahlen-Spiele

Alphabet-Spiele

Vokabel-Spiele

1 Scrabble ist eine geschützte Marke der Mattel GmbH.
2 Mit freundlicher Genehmigung des Buzan Centre Austria.

Sprache(n)
lernen
mit
Methode

© Verlag an der Ruhr
Postfach 10 22 51
45422 Mülheim an der Ruhr
www.verlagruhr.de

Inhalt

Frage- & Antwort-Spiele

Kommunikations-Spiele

© Verlag an der Ruhr
Postfach 10 22 51
45422 Mülheim an der Ruhr
www.verlagruhr.de

Rollen-Spiele

Schreib-Spiele

Text-Spiele

Zuhör-Spiele

Grammatik-Spiele

Inhalt

Sprache(n) lernen mit Methode

7

© Verlag an der Ruhr
Postfach 10 22 51
45422 Mülheim an der Ruhr
www.verlagruhr.de

Vorwort

Das Buch „Sprache(n) lernen mit Methode. 170 Sprachspiele für den Deutsch- und Fremdsprachenunterricht" ist im Rahmen meiner langjährigen Tätigkeit als Dozentin für Niederländisch und Deutsch als Fremdsprache in der Erwachsenenbildung entstanden.

Die in diesem Buch zusammengetragenen Spiele stammen aus ganz unterschiedlichen Quellen: Es sind abgewandelte Ideen aus Büchern, auf den Sprachunterricht zugeschnittene Varianten bekannter Gesellschaftsspiele und völlig neue eigene Erfindungen.

Erprobt wurden die Spiele in verschiedenen Kursen mit jugendlichen und erwachsenen Teilnehmern zwischen 16 und 70 Jahren.

Sprachspiele sollten keineswegs bloß als Lückenfüller im Unterricht dienen, sondern fester Bestandteil des (Fremd-)Sprachenunterrichts sein. Sie eignen sich besonders gut zum Wiederholen von Wortschatz und Grammatikstrukturen. Auf abwechslungsreiche und lebendige Art und Weise können sich die Teilnehmer beim Spielen Strukturen einprägen und ihre sprachliche Kompetenz auf die Probe stellen. Der ungezwungene Rahmen des Spiels bietet insbesondere schwächeren Teilnehmern eine Chance, sich aktiv am (Fremd-) Sprachenunterricht zu beteiligen.

Durch entsprechende Aufgabenzusammenstellung kann der Spielleiter innerhalb der Lerngruppe Differenzierungen je nach Leistungsstand der Teilnehmer anbieten.

Eine spannende Möglichkeit zur Wiederholung von bisher Gelerntem ist ein Stationslauf, bei dem durch geschickte Kombination verschiedener Spiele Lernstoff abgefragt, aufgefrischt und angewendet wird. Bei der Zusammenstellung eines solchen Stationslaufes muss man darauf achten, dass man möglichst unterschiedliche, abwechslungsreiche Übungsformen auswählt, z.B. ein Würfelspiel, ein Memory, ein Schreibspiel etc.

Einige Spiele eignen sich für einzelne Spieler und ermöglichen den individuellen Lernfortschritte zu überprüfen. Bei anderen steht die Kommunikation mit einem oder mehreren Partnern im Vordergrund. Zur Selbstkontrolle der Teilnehmer sollten die Spielaufgaben nach Bedarf mit Lösungen versehen werden.

Variieren Sie die hier vorgestellten Spiele, oder lassen Sie eigene Ideen in die Spiele einfließen. Sie können auf Lerntempo, Niveau und individuelle Interessen der jeweiligen Lerngruppe zugeschnitten werden. Einige Spiele können ganz ohne Vorbereitung gespielt werden, für andere benötigt man Material. Häufig können die Spieler bei der Vorbereitung mithelfen.

Sprache(n)
lernen
mit
Methode

8

© Verlag an der Ruhr
Postfach 10 22 51
45422 Mülheim an der Ruhr
www.verlagruhr.de

Bei den meisten Spielen wird die herkömmliche Sitzordnung im Kurs- oder Klassenraum aufgelöst. So kommt Bewegung in die Gruppe, unterschiedliche Personen kommunizieren miteinander und verschiedene Sinne werden angesprochen. Das sorgt für ein gutes Lernklima und fördert die Kommunikation der Spieler untereinander. Der Spielleiter sollte jedoch darauf achten, dass nicht immer dieselben Personen zusammenarbeiten.

Bereits die Gruppenbildung lässt sich mit einem kleinen Spiel verbinden, z.B.
- Postkarten zerschneiden und unter den Spielern austeilen. Wer die passenden Puzzleteile hat, bildet eine Gruppe.
- Gruppenbildung nach bestimmten Kriterien, z.B. *Alle mit blonden Haaren; Alle, die mit dem Bus gekommen sind* etc.
- Jeder Spieler bekommt eine Karte mit einem Teil eines Wortpaares oder zusammengesetzten Substantivs und muss den Spieler mit dem passenden Gegenstück finden.

Die Einteilung der Spiele in die Rubriken **Anfänger, Fortgeschrittene** und **Profis** ist nur ein allgemeiner Richtwert, denn durch Auswahl des entsprechenden Materials (Länge und Schwierigkeitsgrad von Texten, Anzahl von Aufgaben etc.) lässt sich das Niveau der Spiele an die Lerngruppe anpassen. Auch bei den Zeitangaben handelt es sich um grobe Richtwerte.

Ausgegangen wurde von einer Gruppe mit 10 bis 12 Spielern. Bei sehr großen Lerngruppen sollten einige Plenumspiele lieber in Kleingruppen durchgeführt werden, damit jeder Spieler reichlich Gelegenheit hat, mitzumachen. Wenn eine Gruppe an einem Spiel besonders viel Spaß hat, kann der Spielleiter flexibel reagieren und eine weitere Spielrunde anbieten.

In diesem Sammelband gibt es Spiele mit ganz unterschiedlicher Zielsetzung. Zur schnellen Orientierung wurden die Spiele deshalb in folgende Gruppen eingeteilt:
- Kennenlernspiele
- Zahlenspiele
- Alphabetspiele
- Vokabelspiele
- Frage- und Antwortspiele
- Kommunikationsspiele
- Rollenspiele
- Schreibspiele
- Textspiele
- Zuhörspiele
- Grammatikspiele

Der Spielefinder auf den Seiten 10–16 gibt Ihnen einen Überblick über alle Spiele. Auf einen Blick können Sie dort erkennen, was mit dem jeweiligen Spiel trainiert werden kann, für welche Niveaustufen es geeignet ist, wie lange es dauert und ob es eine Vorbereitung erfordert.

Alexandra Piel

Vorwort

Dieses Symbol kennzeichnet kurze Spiele (5–10 Minuten), die ohne große Vorbereitung gespielt werden können.

Sprache(n) lernen mit Methode

9

Spielefinder

Sprache(n) lernen mit Methode

10

© Verlag an der Ruhr
Postfach 10 22 51
45422 Mülheim an der Ruhr
www.verlagruhr.de

A: Anfänger
F: Fortgeschrittene
P: Profis

Spiel	Thema	Sozialform	Dauer in Min.	Niveau	Vorbereitung	Seite
KENNENLERN-SPIELE						
Mein rechter Platz ist frei	Namen, sich vorstellen	Plenum	5	A	-	17
Mein Name – mein Programm	Wortschatz	einzeln	5	ab F	-	18
Namenskette	sich vorstellen	Plenum	5	A	-	19
Spielerliste erstellen	sich vorstellen, sich kennen lernen	Plenum	10–15	A	ja	20
Porträtmaler	sich vorstellen	Plenum	15–20	ab A	-	21
ZAHLEN-SPIELE						
Zahlendreher	Zahlen nennen	Plenum	5	A	-	22
Höher – niedriger	Zahlen nennen	Plenum	5	A	ja	23
Bingo	Zahlen verstehen	Plenum	10	A	ja	24
Zahlentafel	Zahlen verstehen	Plenum	5	A	-	25
Das große Los	Zahlen nennen	2 Großgruppen	5–10	A	ja	26
Tabuzahl	Zählen	Plenum	5	A	-	27
Mengen schätzen	Zählen	Plenum	10	A	ja	28
ALPHABET-SPIELE						
Alphabet sortieren	Buchstaben alphabetisch ordnen	2er	5	A	ja	29
Kursalphabet	Namen alphabetisch ordnen	Plenum	5	A	-	30
Alphabetisch ordnen	Buchstaben alphabetisch ordnen	Plenum	5	A	-	31
Buchstabendiktat	Alphabet	Plenum	5–10	A	-	32
Codeknacker	Alphabet	Kleingr.	15	ab F	ja	33

VOKABEL-SPIELE

	Spiel	Lernziel	Sozialform	Dauer	Niveau	Kopiervorlage	Seite
	Lerntyp-Kim	Lerntyp erkennen	Plenum	15	F	ja	34
xxx	Schlange	Wortschatz, Rechtschreibung	einzeln	5	ab A	ja	35
xxx	Metagramm	Wortschatz	einzeln	5–10	F	ja	36
	Gefüllte Kalbsbrust	Wortschatz	einzeln	10	F	-	37
x	Wort und Zahl	Rechtschreibung, Wortschatz	Plenum	5	ab F	-	38
	Alle Wörter mit A	Rechtschreibung, Wortschatz	einzeln	10	ab F	-	39
	Wörter finden	Wortschatz, Rechtschreibung	einzeln	5–10	ab F	-	40
	Wortdomino	Wortschatztraining	2er	10	ab A	ja	41
	Im Dreierpack	Vokabeltraining, Artikel	4er–6er	10	ab A	ja	42
	Memory	Wortschatztraining	3er/4er	10–15	ab A	ja	43
	Kombiniere, kombiniere	Wortschatz	5er/6er	10	ab F	ja	44
	Buchstabenquiz	Vokabelwiederholung	Plenum	5–10	ab A	ja	45
	Scrabble	Wortbildung, Wortschatz	3er/4er	20–30	P	ja	46
xxx	Ungeliebter Buchstabe	Wortschatz	Plenum	5	ab A	-	47
xxx	Buchstabensalat	Wortschatz	einzeln	10	P	-	48
xxx	Urlaubsplanung	Wortschatzwiederholung	Plenum	5	F	-	49
x	Kreuzworträtsel	Wortschatz, Rechtschreibung	2 Großgruppen	15	ab F	-	50
	Erster und letzter Buchstabe	Wortschatz	2er	10	ab A	-	51
	Stadt – Land – Fluss	Wortschatz	Plenum	10–15	ab F	ja	52
x	Ich sehe was, was du nicht siehst	Wortschatz	Plenum	5	ab F	-	53
	Wortschatzwürfel	Wortschatz	4er–6er	10–15	ab A	ja	54
	Buchstabier-Pantomime	Wortschatz	Plenum	10–15	ab A	ja	55
	Verb-Pantomime	Verben/Substantive mit Präpositionen	Plenum	10–15	ab A	ja	56
x	Was? – Wo? – Womit?	Verben, Wortschatz	3er	5	F	-	57
	Was fehlt – was ist neu?	ausgewählte Wortfelder	Plenum	10	ab A	ja	58
	Gemeinsames Assoziieren	Wortfelder erarbeiten (Sätze bauen)	Plenum	10–15	ab F	-	59
	Suchsel	Vokabelwiederholung	einzeln	10–15	ab A	ja	60
	Vokabelbingo	Vokabelwiederholung	Plenum	10	ab A	ja	61
	Wortfeld ergänzen	Wortfelder	einzeln	5–10	ab F	-	62
	Mind Mapping®	Wortfelder	2er	15–20	ab A	-	63
x	Legespiel	Wortfelder wiederholen	Plenum	10	ab A	ja	64

Spielefinder

A: Anfänger
F: Fortgeschrittene
P: Profis

Spiel	Thema	Sozialform	Dauer in Min.	Niveau	Vorbereitung	Seite
Wortfragmente	Wortfelder	einzeln	5–10	ab A	ja	65
Wer hat den Ball?	Wortfelder wiederholen	Plenum	5–10	ab A	-	66
Davor und dahinter	Wortbildung mit Prä-/Suffixen	einzeln	15	P	ja	67
Wortkombination	Zusammengesetzte Substantive	Plenum	10–15	ab F	-	68
Komposita-Komposition	Wortbildung	Plenum	5	P	-	69
Sie ist nicht dick, nicht groß, nicht alt	Personenbeschreibung, Verneinung, Adjektive	Plenum	10	ab F	ja	70
Personen-Kim	Personenbeschreibung	Plenum	5	A	-	71
Partnersuchspiel	Personenbeschreibung	Plenum	10–20	ab F	ja	72
Steckbriefe zuordnen	Personenbeschreibung, Leseverstehen	einzeln	10	ab F	ja	73
Prominenten-Puzzle	Wortfeld *Biografie*, Leseverständnis	Plenum	15–20	ab F	ja	74
Zimmer beschreiben	Wortfeld *Haus*, Präpositionen	2er	30	ab F	ja	75
Chaos im Raum	Wortfeld *Möbel*	Plenum	5	ab F	-	76
Landkarte	Ländernamen, Aussprache	Plenum	10	A	-	77
Deutschlandspiel	Landeskunde	Plenum	20–30	P	ja	78
Wie ist das?	Adjektive	Plenum	5	ab F	-	79
Wörter erklären	Verbesserung der Ausdrucksfähigkeit	Plenum	10–15	ab A	ja	80
Sprichwörter malen	Sprichwörter	Plenum	10–15	ab F	ja	81
Kategorisierung	Oberbegriffe finden	Plenum	10	ab F	-	82
Anders und doch gleich	Oberbegriffe, Gemeinsamkeiten finden	Plenum	10	ab F	-	83
Wörter raten	Wortfelder wiederholen	4er/5er	10–15	ab A	-	84
Outburst	Wortfelder wiederholen	2er–4er	10	ab F	-	85
Oberbegriffe finden	Wortfelder	Plenum	15	ab F	ja	86
Außenseiter-Wort	Oberbegriffe erkennen, Wortschatz	Plenum	10–15	ab F	-	87

FRAGE- & ANTWORT-SPIELE

Überraschungskiste	Fragen formulieren	Plenum	5	ab A	-	88
Gedächtnistest	Fragen formulieren/beantworten	2 Großgruppen	25	ab F	ja	89
Rätselgeschichte	Fragen stellen, Wortfeld *Beruf*	Plenum	10–15	P	ja	90
Berufe raten	Fragen formulieren, Wortfeld *Beruf*	Plenum	5–10	ab F	-	91
Am liebsten	Persönliche Vorlieben/Abneigungen	Plenum	20	F	-	92
Frageballon	Fragen formulieren, freies Sprechen	Plenum	10–15	ab F	-	93
Gesprächsrunde	Freies Sprechen	Plenum	10	ab F	-	94
Warum? – Weil!	Konstruktionen mit warum – weil	Plenum	10	F	-	95
Wer? – Wie? – Was?	Fragen, freies Sprechen, Rechtschreibung	Plenum	15–20	ab A	-	96
Stopp, ich habe eine Frage	Fragen stellen	Plenum	10	ab A	ja	97
Verzögerte Antworten	Fragen stellen und beantworten	2er	10	ab F	ja	98
Verbotener Buchstabe	Fragen formulieren, Konzentration fördern	3er	5–10	P	-	99

KOMMUNIKATIONS-SPIELE

Begegnungen	Begrüßung, kurze Dialoge	2er	45	P	ja	100
Dialogpantomime	Situationsbezogene Dialoge	2er	20	ab F	ja	101
Partnervermittlung	Paarbildung	Plenum	10	ab A	ja	102
Finde jemanden, der …	Fragen stellen	Plenum	10	ab A	ja	103
Gemeinsamkeiten herausfinden	Gespräch über Vorlieben/Abneigungen	2er	15	ab A	-	104
Das erste Mal	Fragen, Vergangenheitsformen	2er	30	ab F	ja	105
Wer ist das?	Wiederholung von Grundlagen	Plenum	10–15	A	-	106
Reise durch …	Alltagssituationen	2er/3er	20–30	ab F	ja	107
Partyeinladung	Einladungen formulieren, zu/absagen, sich verabreden	Plenum	10–15	A	ja	108
Sich verabreden	Termine vereinbaren	2er	15–20	F	ja	109
Wo geht's lang?	Wegbeschreibung, Präpositionen	2er	15	A	ja	110
Teekesselchen	Begriffe definieren	Plenum	10	P	-	111
Wem gehört das?	Gegenstände beschreiben	Plenum	10	ab A	ja	112
Der Reihe nach	Bildbeschreibungen, Präpositionen	2er	15	ab A	ja	113
Biografie erfinden	Personenbeschreibungen, Biografie	Plenum	20	ab F	ja	114
Garten beschreiben	Präpositionen, Wortfeld *Garten*	2er	20–30	ab F	ja	115
Tabu	Wörter erklären	2 Großgruppen	15–20	P	ja	116
Paarweise Wörter erklären	Wörter erklären	4er	15–20	P	ja	117

Spielefinder

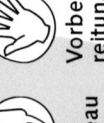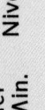

A: Anfänger
F: Fortgeschrittene
P: Profis

Spiel	Thema	Sozialform	Dauer in Min.	Niveau	Vorbereitung	Seite
Tagesablauf erzählen	Reflexiv-Verben, Uhrzeiten	einzeln oder 2er	20	A	ja	118
Unser Leben	Vergangenheitsformen	Plenum	30–40	P	ja	119
Bilder-Geschichte	Freies Sprechen	Plenum	15	ab F	ja	120
Erzählerwechsel	Freies Sprechen	Plenum	10	P	-	121
Überraschungsgeschichte	Freies Sprechen	einzeln	10–15	ab F	-	122
Würfelgeschichte	Freies Sprechen	Plenum	10–15	P	-	123
Erzählstraße	Freies Sprechen	Plenum	10	P	ja	124
Pressekonferenz	Fragen stellen, argumentieren, diskutieren	Plenum	45–90	P	ja	125
Mein Bild von Deutschland	Landeskunde	Plenum	30	P	-	126
Werbeagentur	Meinungen äußern und begründen	einzeln o. Gruppen	45	P	-	127
Traumhaus	Wortfeld *Haus*, Diskutieren	3er/4er	45	P	-	128
Multifunktional	Vorschläge machen, Ideen entwickeln, präsentieren	4er/5er	30	P	-	129

ROLLEN-SPIELE

Spiel	Thema	Sozialform	Dauer in Min.	Niveau	Vorbereitung	Seite
Einkaufen	Verkaufsgespräch, Mengenangaben	Plenum	20	F	ja	130
Im Restaurant	Wortfeld *Restaurant* Freies Sprechen	Plenum	20–30	F	ja	131
Wochenende	Verabredungen treffen	Plenum	20–30	ab F	-	132
Dolmetscher	Informationen einholen, Übersetzen	Plenum	5–10	ab F	-	133

SCHREIB-SPIELE

Spiel	Thema	Sozialform	Dauer in Min.	Niveau	Vorbereitung	Seite
Kettendialog	Wiederholung von Alltagsdialogen	Gruppen (max. 5er)	20	ab F	-	134
Mini – Maxi	Dialoge ergänzen	2er	15	ab F	ja	135
Die richtigen Worte	Passende Dialoge schreiben	2er	20	ab F	ja	136

Sprache(n)
lernen
mit
Methode

14

© Verlag an der Ruhr
Postfach 10 22 51
45422 Mülheim an der Ruhr
www.verlagruhr.de

Gedichte schreiben	Reimen	Plenum	10	P	–	137
Hinter der Schlagzeile	Textproduktion	einzeln	45	P	–	138
Geschichte mit Sprichwörtern	Textproduktion, Sprichwörter	einzeln	30	P	–	139
Überraschende Bildergeschichte	Textproduktion	Kleingr.	20–30	ab F	ja	140
Comic texten	Comic schreiben	einzeln	20	ab F	ja	141
Keine offenen Fragen mehr	Textproduktion	einzeln	30	ab F	ja	142
Krimi	Textproduktion	3er/4er	45	P	ja	143
Zeitungs-ABC	Textproduktion	einzeln	45	ab F	–	144
Duftgeschichten	Textproduktion	einzeln	20–30	P	ja	145
Geräuschassoziation	Textproduktion	einzeln	20–30	P	ja	146
Meinungsmacher	Prägnantes Formulieren	einzeln	20–30	P	ja	147
Kettenspaß	Beschreiben	Plenum	15	ab F	–	148
Lückendiktat	Text ergänzen, Diktat	einzeln	20–25	ab F	ja	149

TEXT-SPIELE

Ohne Punkt und Komma	Zeichensetzung, Groß-/Kleinschreibung, Leseverständnis	einzeln	10	ab A	ja	150
W-Würfel	Fragen formulieren, Leseverständnis	Plenum	15	ab F	ja	151
Fragen zum Text	Fragen formulieren, Leseverständnis	Plenum	30	ab F	ja	152
Textpuzzle	Leseverständnis	Plenum	30	ab F	ja	153
Gemischte Gefühle	Aussprache/Intonationstraining	Plenum	10	ab F	ja	154

ZUHÖR-SPIELE

Richtig oder falsch	Hörverständnis, Zahlen	3 Gruppen	10–15	A	ja	155
Wortfinder	Kursorisches Lesen, Hörverständnis	Plenum	5	ab F	ja	156
Lautquartett	Rechtschreibung, Lauterkennung	4er/5er	20–25	A	ja	157
Liedsreifen	Hörverständnis	Plenum	10–15	ab A	ja	158
Querdenker	Informationen kombinieren, Hörverständnis	Plenum	30	P	ja	159

GRAMMATIK-SPIELE

Eckenraten	Wiederholung von Grammatik	Plenum	5–10	ab A	–	160
Grammatikfix	Wiederholung von Grammatik	2er/3er	15–20	ab A	ja	161
Koffer packen	Wiederholung von Grammatik, Wortfelder	Plenum	10	ab A	–	162
Grammatikrennen	Wiederholung von Grammatik	Plenum	15	ab A	ja	163

Spielefinder

A: Anfänger
F: Fortgeschrittene
P: Profis

Spiel	Thema	Sozialform	Dauer in Min.	Niveau	Vorbereitung	Seite
Verbwürfeln	Konjugationen, verschiedene Zeitformen	2er	5	ab A	-	164
Verbdreiecke	Vergangenheitsformen	2er	10–15	F	ja	165
Damals	Vergangenheitsformen	Plenum	15–20	ab F	-	166
Zeitwürfel	Zeitformen	Plenum	10	F	-	167
Architekten	Imperativ, räumliche Lagebezeichnungen	2er	10–15	F	ja	168
Foto nachstellen	Imperativ, Präpositionen, Wortfeld *Körperteile*	Plenum	10–15	P	ja	169
Zu Befehl!	Imperativ	Plenum	20	ab F	-	170
Rotes Tuch	Imperativ, Präpositionen	Plenum	5–10	F	-	171
Wenn … dann-Kette	Konditional	Plenum	5–10	P	-	172
Was wäre wenn …?	Konditional	Plenum	10–20	P	ja	173
Wenn ich du wäre …	Konditional, Tiernamen	Plenum	10–15	P	-	174
Alles anders	Passiv, Präpositionen	Plenum	10–15	ab F	-	175
Versteckspiel	Präpositionen, Lagebezeichnungen	Plenum	5	ab A	-	176
Satzbaurekord	Satzbau	einzeln	5–10	ab A	ja	177
Grammatik unterwegs	Satzbau	Plenum	10	F	ja	178
Mit der Zeit gehen …	Satzstellung	Plenum	5–10	ab A	ja	179
Satzhälfte	Nebensätze	2er	10	F	-	180
Schlangensatz	Satzbau	Plenum	10	ab F	ja	181
Bandwurmsatz	Satzbau	Plenum	5–10	ab A	-	182
Sätze kürzen	Satzbau	Plenum	10	ab F	-	183
Aus Alt mach Neu	Satzbau	3er/4er	20	F	-	184
Schnipselsatz	Satzbau	Plenum	10	ab A	ja	185
Sätze bilden	Satzbau, Wortschatz	einzeln	10	P	-	186

Mein rechter Platz ist frei ...

·····································So geht's ·····································

Die Spieler sitzen im Stuhlkreis, dabei gibt es einen Stuhl mehr als Spieler in der Gruppe sind. Derjenige, neben dem der rechte Platz frei ist, fordert einen Mitspieler auf, sich neben ihn zu setzen: *„Mein rechter, rechter Platz ist frei, ich wünsche mir die Vera herbei."* Hier kann man statt der sonst üblichen Namen auch etwas anderes einsetzen, z.B. das Herkunftsland oder die Augenfarbe. Derjenige, auf den die Beschreibung passt, nimmt diesen rechten Platz ein. Dann ist der Spieler an der Reihe, neben dem nun der rechte Platz frei ist.

Thema/Lernziel:
Sich kennen lernen

Sozialform:
Plenum

Materialien:
—

Vorbereitung:
—

Dauer:
5 Minuten

Sprachniveau:
Anfänger

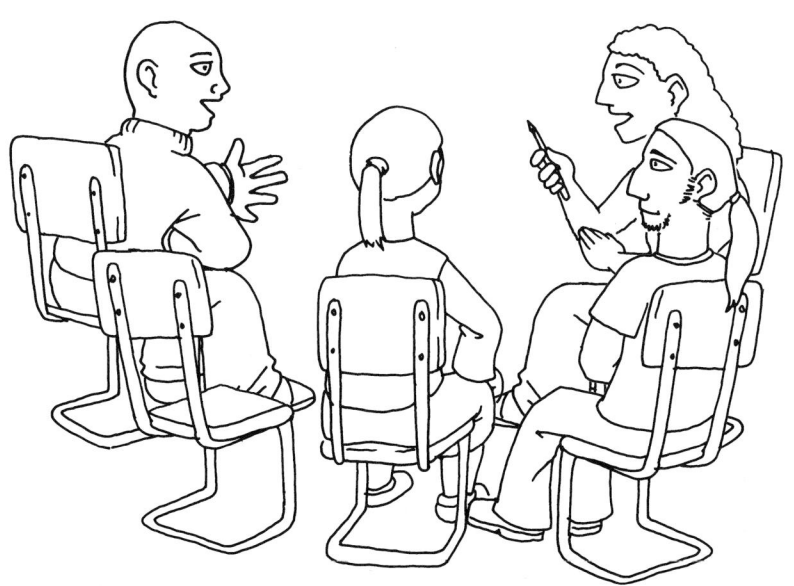

Mein Name –
mein Programm

Thema/Lernziel:
Sich Kennen lernen,
Wortschatz sichern

Sozialform:
Einzeln

Materialien:
Große Bögen
Papier

Vorbereitung:
—

Dauer:
5 Minuten

Sprachniveau:
Ab Fortgeschrittene

....So geht's ....

Jeder Spieler schreibt seinen Namen senkrecht an den
linken Rand eines großen Blatt Papiers. Zu jedem Buchstaben seines Namens notiert er etwas, z.B. ein Hobby
oder einen Lieblingsurlaubsort. Daraus ergibt sich zu jedem Namen ein persönliches Profil, das Anknüpfungspunk-
te für anschließende Kennenlernspiele oder Gespräche
bietet.

S – Singen

A – Ausflüge machen

N – Natur

D – Disco

R – Radio hören

A – Ausgehen

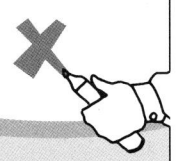

Namenskette

Thema/Lernziel:
Sich kennen lernen

Sozialform:
Plenum

Materialien:
—

Vorbereitung:
—

Dauer:
5 Minuten

Sprachniveau:
Anfänger

·· **So geht's** ··

Der Spielleiter beginnt: Er nennt seinen Vornamen sowie einen Gegenstand/Stadtnamen, der mit demselben Buchstaben beginnt, also zum Beispiel: *„Ich heiße Alexandra mit A wie Amsterdam"*. Dann wiederholt ein Spieler und ergänzt: *„Sie heißt Alexandra mit A wie Amsterdam und ich heiße Klaus mit K wie Käse."* Die nächsten Spieler greifen den Satz auf und fügen ihre eigenen Namen hinzu.

Sprache(n)
lernen
mit
Methode

19

Kennenlern-Spiele

Spielerliste erstellen

Thema/Lernziel:
Kontaktaufnahme,
sich kennen lernen,
Zahlen

Sozialform:
Plenum

Materialien:
Tabellenvordruck
(Name, Straße, Ort,
Telefonnummer,
Herkunftsland)

Vorbereitung:
Tabellenvordruck
erstellen

Dauer:
10 bis 15 Minuten

Sprachniveau:
Anfänger

....So geht's ....

Dieses Spiel kann als Wettbewerb gestaltet werden. Ziel ist es, so schnell wie möglich eine vollständige Liste aller Mitspieler mit Namen, Adresse, Telefonnummer und Herkunftsland zu erstellen. Die Spieler laufen dazu im Raum umher. Dabei müssen sie die entsprechenden Informationen voneinander erfragen und in ihre Tabelle eintragen.

Name	Straße	Ort	Telefon	Herkunftsland
Magda Poweta	Wasserstr. 3	Essen	876543	Polen
Louise Dupont	Antonstr. 73	Köln	635278	Frankreich
...				
...				
...				

Porträtmaler

··········· **So geht's** ···········

Je zwei Spieler arbeiten zusammen und porträtieren sich gegenseitig auf einem Plakat. Dabei geht es nicht um große Zeichenkünste, sondern darum, wesentliche Merkmale, wie Brille, Bart, Haarlänge zu skizzieren. Die fertigen Porträts werden in beliebiger Reihenfolge für alle sichtbar an die Wand gehängt. Dann fragt der Spielleiter beim ersten Porträt nach der Identität des Spielers und die Mitspieler versuchen, die gemalte Person zu identifizieren. Wer erkannt wurde, nennt seinen Namen und stellt sich kurz vor. Danach wird das nächste Porträt betrachtet.

Thema/Lernziel:
Sich kennen
lernen, sich
vorstellen

Sozialform:
Plenum

Materialien:
Pro Spieler ein
Plakat, bunte
Filzstifte und
Klebestreifen

Vorbereitung:
—

Dauer:
15 bis 20 Minuten

Sprachniveau:
Ab Anfänger

Peter

Karin

Sprache(n)
lernen
mit
Methode

21

Thema/Lernziel:
Zahlen nennen

Sozialform:
Plenum

Materialien:
Weicher,
kleiner Ball

Vorbereitung:

Dauer:
5 Minuten

Sprachniveau:
Anfänger

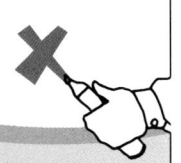

Zahlendreher

.....................................So geht's ....

Ein Spieler nennt eine zweistellige Zahl, zum Beispiel 25.
Er wirft den Ball einem Mitspieler zu, der nun die Zahl
umdrehen muss – also 52. Dann sagt er eine neue Zahl
und wirft den Ball zu einem anderen Mitspieler.

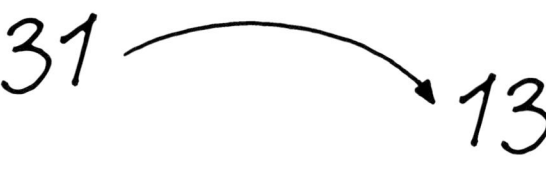

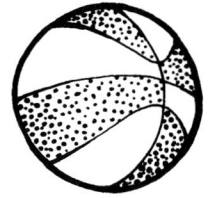

Sprache(n)
lernen
mit
Methode

22

© Verlag an der Ruhr
Postfach 10 22 51
45422 Mülheim an der Ruhr
www.verlagruhr.de

Höher – niedriger

.... So geht's ....

Die Karten werden gemischt und verdeckt in einer langen Reihe auf Tischen ausgelegt. Ein Spieler beginnt, deckt die erste Karte auf und nennt die Zahl. Bevor er die zweite Karte hochhebt, muss er spekulieren, ob die nächste Zahl höher oder niedriger sein wird: *„Die nächste Zahl ist höher/niedriger als …"* (bisherige Zahl einsetzen). Er darf so lange Karten aufdecken, bis er falsch geraten hat, dann ist der nächste Spieler an der Reihe.

Thema/Lernziel:
Zahlen nennen

Sozialform:
Plenum

Materialien:
Zahlenkarten
von 1 bis 99
(einige davon
sollten mehrfach
vorhanden sein).

Vorbereitung:
Zahlenkarten
beschriften

Dauer:
5 Minuten

Sprachniveau:
Anfänger

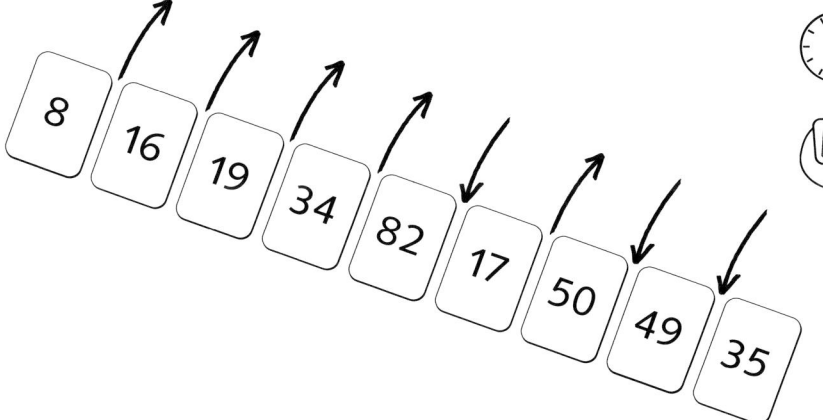

Bingo

Thema/Lernziel:
Zahlen verstehen

Sozialform:
Plenum

Materialien:
Für jeden Spieler
eine Karte, auf der
24 Zahlen aus dem
Zahlenbereich von
1 bis 99 stehen
(siehe rechts);
kleine Zettel mit
den Zahlen von
1 bis 99; Gefäß als
Lostrommel

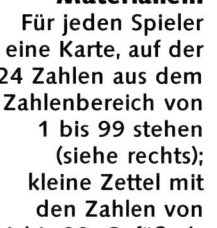

Vorbereitung:
Bingokarten
erstellen, Zahlen-
zettel schreiben

Dauer:
10 Minuten

Sprachniveau:
Anfänger

....So geht's...

Jeder Mitspieler erhält eine Bingokarte, die beispielsweise so aussieht:

1	20	33	41	56	67	74	80
8	22	35	42	57	68	75	83
9	28	39	44	59	69	76	85

Ein Spieler, der die Zahlen bereits sicher beherrscht, zieht
aus der Lostrommel jeweils einen Zettel und nennt diese
Zahl laut. Wer die entsprechende Nummer auf seiner
Bingokarte hat, streicht sie durch. Gewonnen hat, wer
zuerst alle Zahlen auf seiner Karte durchstreichen konnte.
Um für mehr Spannung zu sorgen, kann man zusätzlich
auch für die obere, die untere und mittlere Reihe oder für
eine senkrechte Reihe Bingo ausspielen.

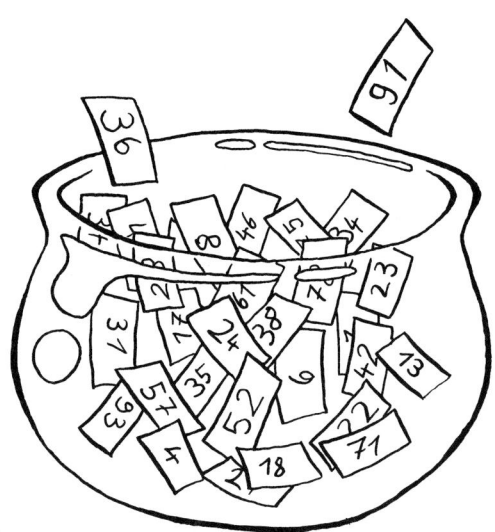

© Verlag an der Ruhr
Postfach 10 22 51
45422 Mülheim an der Ruhr
www.verlagruhr.de

Zahlentafel

.... **So geht's** ....

Zwei Spieler schreiben kreuz und quer an die Tafel beliebige mehrstellige Zahlen. Dann stellen sich zwei andere, jeweils mit einem roten bzw. blauen Kreidestück in der Hand, an die Tafel. Ein weiterer Spieler liest nun eine der Zahlen vor, und die beiden vorn stehenden Spieler müssen so schnell wie möglich versuchen, die genannte Zahl mit ihrer Kreidefarbe zu markieren. Dann wird die nächste Zahl genannt. Gewonnen hat derjenige, der am Ende die meisten Zahlen mit seiner Farbe eingekreist hat.

.... **Variationsmöglichkeit** ....

Der Spielleiter bereitet ein Arbeitsblatt mit durcheinander gewürfelten Zahlen vor. Jeweils zwei Spieler bekommen ein Blatt. Spieler A muss mit einem roten, Spieler B mit einem blauen Stift so schnell wie möglich versuchen, die vom Spielleiter genannten Zahlen auf dem Arbeitsblatt zu markieren.

 Thema/Lernziel:
Zahlen verstehen

 Sozialform:
Plenum

 **Materialien:**
Zwei verschiedenfarbige Kreidestücke

 **Vorbereitung:**
—

 Dauer:
5 Minuten

 Sprachniveau:
Anfänger

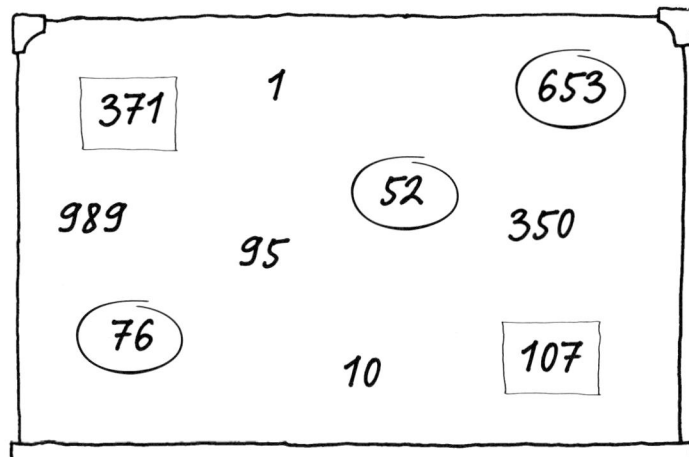

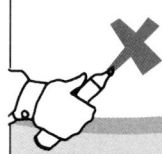

Sprache(n)
lernen
mit Methode

© Verlag an der Ruhr
Postfach 10 22 51
45422 Mülheim an der Ruhr
www.verlagruhr.de

Zahlen-Spiele

Thema/Lernziel:
Zahlen von
1 bis 99

Sozialform:
Zwei Großgruppen

Materialien:
Lose mit den
Zahlen von
1 bis 99, Schüssel
oder ähnliches
Gefäß als Los-
trommel

Vorbereitung:
Lose beschriften

Dauer:
5 bis 10 Minuten

Sprachniveau:
Anfänger

Das große Los

·······························So geht's ·····························

Die Spieler werden in zwei Gruppen aufgeteilt. Die Lose liegen alle in einer Schüssel. Aus jeder Gruppe zieht ein Spieler ein Los und nennt die darauf stehende Zahl. Die Gruppe mit der höheren Zahl bekommt einen Punkt. Die Lose wandern wieder in die Lostrommel und zwei andere Spieler ziehen. Die Punktwertung wird vom Spielleiter vorne an der Tafel festgehalten.

Sprache(n)
lernen
mit
Methode

26

© Verlag an der Ruhr
Postfach 10 22 51
45422 Mülheim an der Ruhr
www.verlagruhr.de

Tabuzahl

.... So geht's ....

Es wird eine Tabuzahl, zum Beispiel die *Vier*, vereinbart. Das bedeutet, dass alle Zahlen, in denen eine 4 vorkommt, wie 40 oder 14, aber auch alle durch vier teilbaren Zahlen wie 16 und 32, nicht genannt werden dürfen. Die Spieler zählen nun der Reihe nach bis 100: *„Eins, zwei, drei – vier"* ist die Tabuzahl. An dieser Stelle muss der Spieler stattdessen ein Wort nennen, das mit *v* wie *vier* beginnt. Wenn man *drei* als Tabuzahl ausgesucht hat, soll das genannte Wort mit *d* anfangen usw. Wer einen Fehler macht, scheidet aus. Um das Spiel zu erschweren, kann der Spielleiter Richtungswechsel beim Zählen vorgeben.

Thema/Lernziel:
Zählen

Sozialform:
Plenum

Materialien:
—

Vorbereitung:
—

Dauer:
5 Minuten

Sprachniveau:
Anfänger

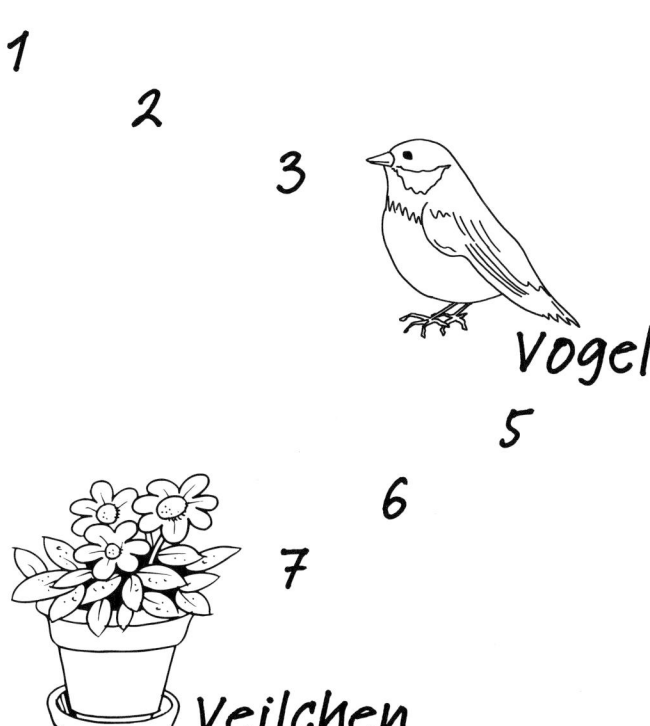

1

2

3

Vogel

5

6

7

Veilchen

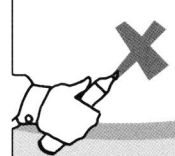

Zahlen-Spiele

Thema/Lernziel:
Zählen

Sozialform:
Plenum

Materialien:
6 bis 8 Marmeladengläser, die mit verschiedenen Gegenständen (zum Beispiel Münzen, Linsen, Büroklammern etc.) gefüllt sind.

Vorbereitung:
Gläser mit Materialien füllen

Dauer:
10 Minuten

Sprachniveau:
Anfänger

Mengen schätzen

························ **So geht's** ························

Die Gläser stehen nebeneinander auf einem Tisch. Jeder Spieler schätzt den Inhalt eines jeden Glases und notiert seine Schätzwerte auf einem Zettel. Dann nennt jeder seine Schätzung für das erste Glas. Das wird nun geöffnet und der Inhalt gemeinsam oder von einem Mitspieler laut gezählt. Wer mit seiner Schätzung am nächsten am tatsächlichen Wert liegt, bekommt einen Punkt. Weiter geht es mit dem nächsten Glas.

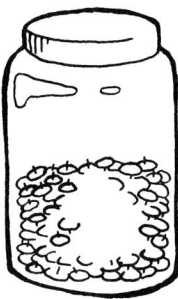

Heftzwecken

Linsen

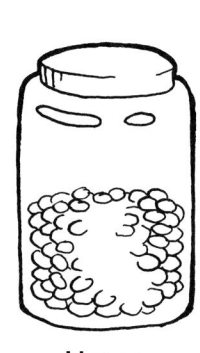

Münzen

**Sprache(n)
lernen
mit
Methode**

28

© Verlag an der Ruhr
Postfach 10 22 51
45422 Mülheim an der Ruhr
www.verlagruhr.de

Alphabet sortieren

························· **So geht's** ·························

Die Spieler werden in Zweiergruppen aufgeteilt. Jede Gruppe bekommt einen gut gemischten Satz Buchstabenkarten. Gemeinsam legen die Spieler das Alphabet in der richtigen Reihenfolge auf den Tisch. Dabei nennt jeder, der eine Buchstabenkarte hinlegt, ein Wort, das mit diesem Buchstaben beginnt.

Thema/Lernziel:
Alphabet

Sozialform:
Zweiergruppen

Materialien:
Pro Zweiergruppe ein Satz mit Buchstabenkarten (gesamtes Alphabet)

Vorbereitung:
Sets mit Buchstabenkarten erstellen

Dauer:
5 Minuten

Sprachniveau:
Anfänger

Sprache(n) lernen
mit Methode

29

Alphabet-Spiele

Thema/Lernziel:
Alphabet

Sozialform:
Plenum
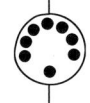

Materialien:
—

Vorbereitung:
—

Dauer:
5 Minuten

Sprachniveau:
Anfänger

Kursalphabet

·····················So geht's·····················

Die Spieler stellen sich in alphabetischer Reihenfolge der Anfangsbuchstaben ihrer Vornamen im Klassenraum auf. Daran können sich weitere Sortierungsvorgaben (z.B. letzter Buchstabe des Vornamens, absteigende Reihenfolge, erster Buchstabe des Familiennamens) anschließen.

Sprache(n)
lernen
mit
Methode

30

Alphabetisch ordnen

.... So geht's ....

Der Spielleiter nennt Wörter, die aus 5 bis 8 Buchstaben bestehen. Die Spieler ordnen die Buchstaben des Wortes alphabetisch. Also etwa: Schein – C E H I N S.

.... Variationsmöglichkeit ....

Das Spiel kann als Wettspiel an der Tafel gespielt werden. Dazu werden die Spieler in zwei oder drei Gruppen aufgeteilt, die sich vor der Tafel jeweils in einer Reihe aufstellen. Vor jeder Gruppe liegt ein Stapel eines identischen Kartensatzes mit Wörtern, die alphabetisch geordnet werden sollen. Der Spielleiter liest das erste Wort vor, die jeweils ersten Spieler der Gruppen schreiben so schnell wie möglich die Buchstaben des Wortes in alphabetischer Reihenfolge an die Tafel. Wer fertig ist, nimmt eine Karte vom Stapel und nennt das Wort dem folgenden Spieler seiner Mannschaft. Dieser muss die Buchstaben des Wortes wiederum in alphabetischer Reihenfolge aufschreiben. Gewonnen hat die Gruppe, die zuerst alle Wörter in der korrekten alphabetischen Reihenfolge an der Tafel stehen hat.

 Thema/Lernziel:
Alphabet, Rechtschreibung

 Sozialform:
Plenum

 **Materialien:**
—

 **Vorbereitung:**
—

 Dauer:
5 Minuten

 Sprachniveau:
Anfänger

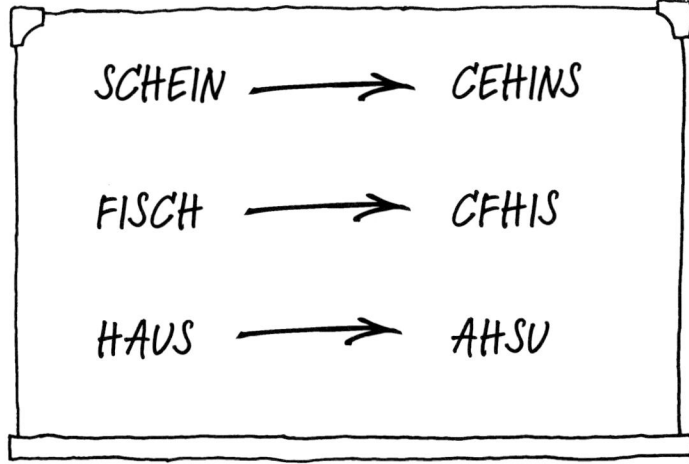

SCHEIN ⟶ CEHINS

FISCH ⟶ CFHIS

HAUS ⟶ AHSU

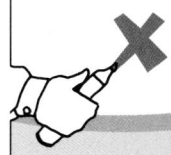

© Verlag an der Ruhr
Postfach 10 22 51
45422 Mülheim an der Ruhr
www.verlagruhr.de

Alphabet-Spiele

Buchstabendiktat

...............................So geht's...............................

Der Spielleiter diktiert den Spielern in alphabetischer Reihenfolge die Buchstaben eines bekannten Wortes. Die Spieler notieren diesen Buchstabensalat und versuchen herauszufinden, welches Wort sich dahinter verbirgt. Das nächste Wort denkt sich ein Spieler aus und präsentiert es den übrigen.

ACCKKRSU ⟶ Rucksack

AABDMNR ⟶ Armband

EGHINUZ ⟶ Heizung

© Verlag an der Ruhr
Postfach 10 22 51
45422 Mülheim an der Ruhr
www.verlagruhr.de

Codeknacker

Alphabet-
Spiele

·········· **So geht's** ··········

Die Spieler werden in Kleingruppen aufgeteilt. Jede Gruppe erhält ein Arbeitsblatt und muss so schnell wie möglich die chiffrierten Botschaften dekodieren. Es gibt viele verschiedene Möglichkeiten der Verschlüsselung:

➤ Weglassen aller Vokale
➤ Jeder Buchstabe wird durch den folgenden oder vorhergehenden im Alphabet ersetzt.
➤ Einzelne Buchstaben werden ausgetauscht, zumBeispiel statt *u* steht *s*, statt *n* steht *b*.

Der Spielleiter sollte beachten, dass die Codes nicht zu schwierig sind.

Thema/Lernziel:
Alphabet, Rechtschreibung

Sozialform:
Kleingruppen

Materialien:
Arbeitsblatt mit verschlüsselten Sätzen

Vorbereitung:
Arbeitsblatt mit verschlüsselten Sätzen zusammenstellen

Dauer:
15 Minuten

Sprachniveau:
Ab Fortgeschrittene

W GHT S DR?

H ST D H T B ND Z T?

G H N WR NS K N ?

Sprache(n)
lernen
mit
Methode

33

© Verlag an der Ruhr
Postfach 10 22 51
45422 Mülheim an der Ruhr
www.verlagruhr.de

Vokabel-Spiele

Thema/Lernziel:
Erkennen des
Lerntyps

Sozialform:
Plenum

Materialien:
Zehn beliebige
Gegenstände pro
Spieler, die ver-
schiedenen
Wortfeldern
entstammen, aber
allen bekannt sind;
Stoppuhr

Vorbereitung:
Geeignete Gegen-
stände auswählen

Dauer:
15 Minuten

Sprachniveau:
Ab Fortgeschrittene

Lerntyp-Kim

··· **So geht's** ···

Das Spiel besteht aus mehreren Phasen. Zunächst liest der
Spielleiter eine Liste mit zehn Gegenständen vor. Danach
versuchen die Spieler, alle Wörter, an die sie sich noch
erinnern können, möglichst in der Reihenfolge, in der sie
vorgelesen wurden, aufzuschreiben.

Dann werden zehn andere Begriffe an die Tafel geschrieben. Alle haben 30 Sekunden Zeit, sie sich einzuprägen und
notieren dann alles, was sie sich gemerkt haben.

Als nächstes malt der Spielleiter zehn neue Begriffe an
die Tafel. Die Spieler haben wieder 30 Sekunden Zeit, sie
sich anzusehen und einzuprägen, bevor sie die Wörter
aufschreiben.

Zuletzt bekommt jeder Spieler der Reihe nach zehn Gegenstände in die Hand. Er hat 30 Sekunden Zeit, sich mit
ihnen zu beschäftigen. Dann wird ein Tuch darüber ge-
deckt, und jeder muss wiederum notieren, an was er sich
noch erinnern kann.

Nun kann man vergleichen, in welcher Runde sich welcher Mitspieler die meisten Wörter merken konnte. Daran
kann sich ein Gespräch über die unterschiedlichen Lern-
typen anschließen.

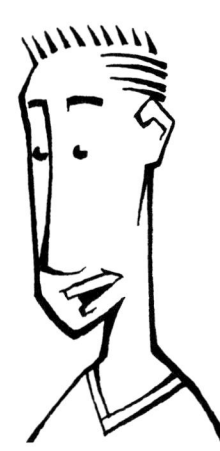

Brille, Handtuch,
Flasche, Bleistift, Buch,
Fahrrad, Zeitung,
Schere, Tasche, Hut!

Schlange

............................So geht's............................

Jeder Spieler schreibt in das erste Segment der Schlange ein beliebiges Wort. In das nächste Segment kommt ein Wort, das mit dem letzten Buchstaben des vorherigen Wortes beginnt. Nach diesem Prinzip werden alle Segmente der Schlange ausgefüllt.

.... Variationsmöglichkeit ....

Bei fortgeschrittenen Spielern kann man ein Wortfeld vorgeben, aus dem die Begriffe ausgewählt werden sollen.

Thema/Lernziel:
Wortschatz-
wiederholung,
Rechtschreibung

Sozialform:
Einzeln

Materialien:
Arbeitsblätter mit
einer Schlange, die
in zahlreiche
verschiedene
Segmente aufge-
teilt ist

Vorbereitung:
Arbeitsblatt
entwerfen

Dauer:
5 Minuten

Sprachniveau:
Ab Anfänger

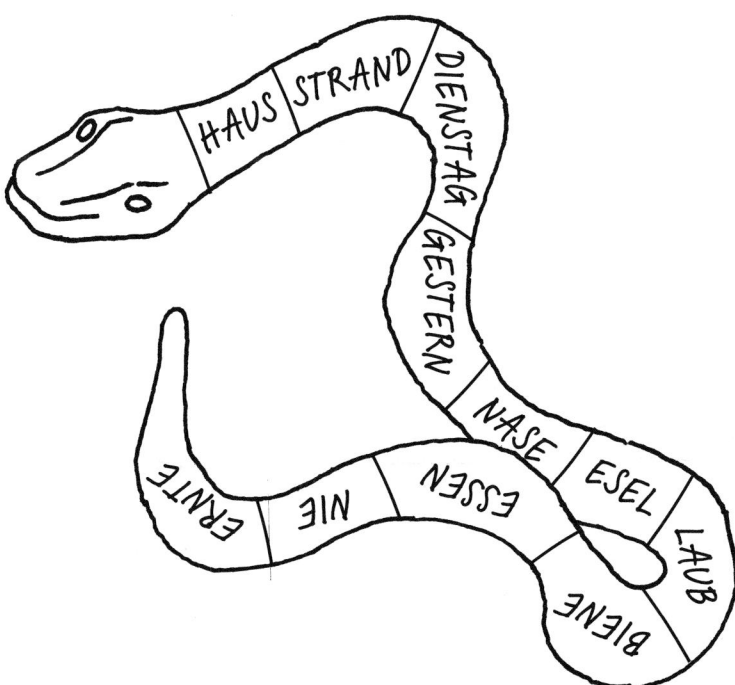

Sprache(n)
lernen
mit
Methode

35

© Verlag an der Ruhr
Postfach 10 22 51
45422 Mülheim an der Ruhr
www.verlagruhr.de

Vokabel-Spiele

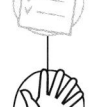
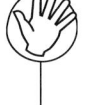

Metagramm

.... So geht's ....

Die Spieler bilden aus einem Ausgangswort durch Verändern von je einem Buchstaben jeweils ein neues Wort.

Zum Beispiel ➤ HAUS
           ➤ MAUS
           ➤ MAUL
           ➤ MAHL
           ➤ MEHL

Nach und nach werden dabei alle Buchstaben ausgetauscht,
so dass das letzte Wort keinen Buchstaben des Ausgangs-
wortes mehr enthält.

HAUS	NASE
MAUS	HASE
MAUL	HAST
MAHL	RAST
MEHL	REST

Gefüllte Kalbsbrust

···············So geht's ···············

Ein langes Wort wird einmal vorwärts und einmal rückwärts senkrecht untereinander an die Tafel geschrieben. Die Spieler schreiben diese Wörter ab und müssen nun Wörter finden, die mit einem Buchstaben des vorwärts geschriebenen Wortes beginnen und in derselben Reihe mit einem Buchstaben des rückwärts geschriebenen Wortes enden. Danach werden die Wörter gemeinsam verglichen.

```
S A H N E
U       N
P       I
P A A R
E I E R
N I E
T O T
E       N
R E I S E
R A P
I       P
N       U
E       S
```

Thema/Lernziel:
Wortschatz
wiederholen

Sozialform:
Einzeln

Materialien:
—

Vorbereitung:
—

Dauer:
10 Minuten

Sprachniveau:
Fortgeschrittene

Sprache(n)
lernen
mit
Methode

37

© Verlag an der Ruhr
Postfach 10 22 51
45422 Mülheim an der Ruhr
www.verlagruhr.de

Vokabel-Spiele

Thema/Lernziel:
Rechtschreibung,
Wortschatz

Sozialform:
Plenum

Materialien:
—

Vorbereitung:

Dauer:
5 Minuten

Sprachniveau:
Ab Fortgeschrittene

Wort und Zahl

···So geht's···

Bei diesem Kettenspiel nennt der erste Spieler ein Wort und eine Zahl, die maximal so hoch ist, wie das genannte Wort Buchstaben hat, also zum Beispiel *Sommer* und *drei*. Der nächste Spieler muss jetzt ein Wort finden, das mit dem dritten Buchstaben des Begriffs Sommer anfängt, also mit *M*, wie etwa *Marzipan*. Dann gibt er ein Wort und eine Zahl vor, die den Buchstaben kennzeichnet, mit dem das nächste Wort beginnen muss.

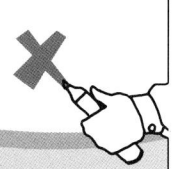

Alle Wörter mit A

................................So geht's ....

Jeder Spieler wählt ein Plakat aus und notiert darauf so viele Wörter wie möglich, die mit dem betreffenden Buchstaben beginnen. Nach ein bis zwei Minuten sucht sich jeder ein anderes Plakat und ergänzt. Das kann man beliebig oft wiederholen. Schließlich werden die Plakate aufgehängt und nacheinander im Plenum vervollständigt. Dabei können auch unbekannte Wörter erläutert werden.

.... Variationsmöglichkeit ....

Statt der Buchstaben kann man auch bestimmte Wortfelder wie Kleidungsstücke oder Lebensmittel auf den Plakaten vorgeben.

Thema/Lernziel:
Wortschatz erweitern/auffrischen, Rechtschreibung

Sozialform:
Einzeln

Materialien:
Plakate, auf denen in der Mitte jeweils ein großer Buchstabe steht; Stoppuhr, Klebestreifen

Vorbereitung:
—

Dauer:
10 Minuten

Sprachniveau:
Ab Anfänger

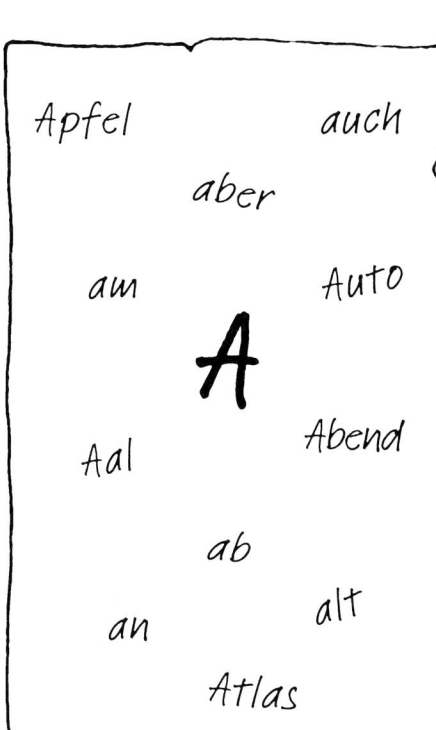

Vokabel-Spiele

Thema/Lernziel:
Wortschatz,
Rechtschreibung

Sozialform:
Einzeln

Materialien:
—

Vorbereitung:
—

Dauer:
5 bis 10 Minuten

Sprachniveau:
Ab Fortgeschrittene

Wörter finden

................................So geht's ....

Ein möglichst langes Wort wird vom Spielleiter vorgegeben, beispielsweise *Telefonanlage*.

Daraus müssen die Spieler einzeln oder in Gruppen so viele neue Wörter wie möglich bilden, zum Beispiel *elf*, *Lage*, *Not*.

Gewonnen hat die Gruppe, die die meisten (richtig geschriebenen) Wörter gefunden hat. Man kann auch nur für die Wörter Punkte vergeben, die lediglich eine Gruppe gefunden hat.

.... Variationsmöglichkeit...........................

Um das Spiel zu erleichtern, dürfen alle Buchstaben, die im Ausgangswort vorkommen, beliebig oft gebraucht werden.

Schwieriger wird das Spiel, wenn die Buchstaben nur in der Reihenfolge, in der sie im Wort vorkommen, benutzt werden dürfen.

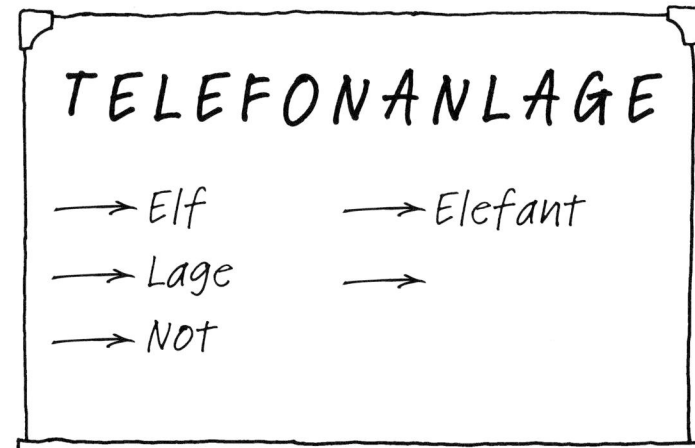

TELEFONANLAGE

→ Elf   → Elefant

→ Lage   →

→ Not

Wortdomino

······························· **So geht's** ·····························

Jeweils zwei Spieler bekommen einen Satz Dominokarten und fügen so schnell wie möglich die passenden Karten aneinander. Wenn sie fertig sind, wird das Domino wieder gemischt und die Spieler legen das Domino einer anderen Gruppe.

·················· **Variationsmöglichkeiten** ···············

1. Auf einer Dominokarte steht jeweils ein Substantiv und ein Artikel, die Spieler müssen nun den Substantiven ihren richtigen Artikel zuordnen.
Weitere Möglichkeiten: Ein Satz und seine Verneinung, Fragen und Antworten, Synonympaare, Aktiv- und Passivformen, trennbare Verben.

2. Gespielt wird in Zweiergruppen. Der erste Spieler beschriftet ein leeres Dominokärtchen mit zwei Adjektiven, zum Beispiel: *groß – schwarz*. Dann muss der zweite Spieler das Gegenteil von *schwarz* links auf die nächste Dominokarte schreiben. Auf der rechten Seite der Karte notiert er einen neuen Begriff, dessen Gegenteil wiederum sein Mitspieler finden muss. Zum Beispiel sieht die nächste Karte dann so aus: *weiß – hart*. Wenn eine Gruppe ihr Domino fertig gestellt hat, kann sie mit einer anderen Gruppe die Kärtchen austauschen und dieses Domino zusammenlegen.

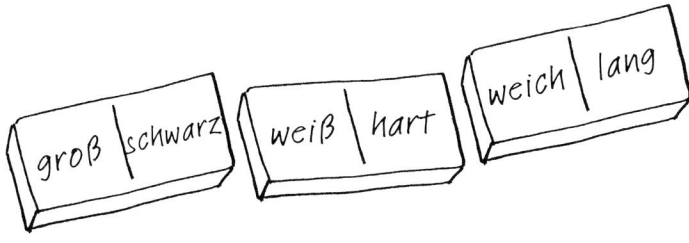

 **Thema/Lernziel:**
Wortschatztraining je nach Art des Dominos

 Sozialform:
Zweiergruppen

 Materialien:
Entsprechend beschriftete Dominokarten (halb so viele Sets wie Spieler, möglichst verschiedene Sets)

 Vorbereitung:
Dominokarten herstellen

 Dauer:
10 Minuten

 **Sprachniveau:**
Ab Anfänger

Sprache(n)
lernen
mit
Methode

41

© Verlag an der Ruhr
Postfach 10 22 51
45422 Mülheim an der Ruhr
www.verlagruhr.de

Vokabel-Spiele

Thema/Lernziel:
Zuordnung von Artikeln, Vokabeltraining

Sozialform:
Vierer- bis Sechsergruppen

Materialien:
Karten mit Bildern, den entsprechenden Bezeichnungen und Artikeln (pro Wort also drei Karten)

Vorbereitung:
Bilder auswählen, Wort- sowie Artikelkärtchen beschriften

Dauer:
10 Minuten

Sprachniveau:
Ab Anfänger

Im Dreierpack

....So geht's ....

Gespielt wird in Vierer- bis Sechsergruppen. Vor jeder Gruppe liegen alle Karten offen auf dem Tisch. Ein Spieler beginnt und muss nun Bildkarte, Bezeichnungskarte und Artikelkarte, die zueinander passen, heraussuchen. Wenn er einen Fehler macht, ist der nächste Spieler an der Reihe. Der Fehler wird nicht sofort verbessert, sondern die entsprechenden Karten bleiben so lange liegen, bis sie jemand richtig zuordnen kann.

DER		SCHUH
DIE		TASSE
DAS	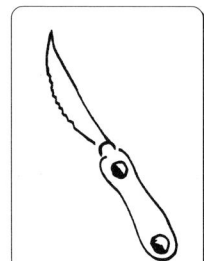	MESSER

Sprache(n) lernen mit Methode

42

© Verlag an der Ruhr
Postfach 10 22 51
45422 Mülheim an der Ruhr
www.verlagruhr.de

Memory®

.... So geht's ....

Die Spieler werden in Dreier- oder Vierergruppen aufgeteilt. Jede Gruppe mischt ihre Karten gut und legt sie verdeckt auf den Tisch. Im Wechsel decken die Spieler jeweils
zwei Karten auf. Wer ein Pärchen gefunden hat, darf diese Karten behalten. Karten, die nicht zusammenpassen,
werden wieder umgedreht und der nächste Spieler ist an
der Reihe. Gewonnen hat derjenige Spieler, der die meisten Kartenpaare gefunden hat.

Thema/Lernziel:
Wortschatztraining
durch Erfassen von
Wortpaaren und
Visualisierung

Sozialform:
Dreier- oder
Vierergruppen

Materialien:
Karten mit Bildern
und Karten mit den
entsprechenden
Begriffen oder
Kartenpaare mit
Gegensätzen wie
heiß/kalt oder
Sommer/Winter
(pro Gruppe ein
Set)

Vorbereitung:
Memorykarten
herstellen

Dauer:
10 bis 15 Minuten

Sprachniveau:
Ab Anfänger

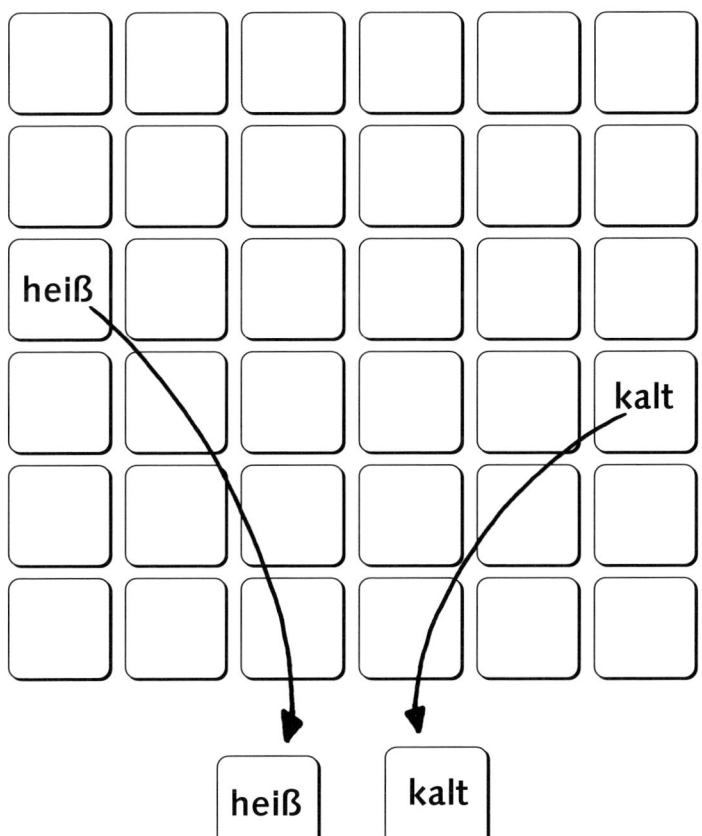

Kombiniere, kombiniere

Thema/Lernziel:
Wortschatz
allgemein

Sozialform:
Fünfer- oder
Sechsergruppen

Materialien:
Tabelle nach dem
unten stehendem
Muster

Vorbereitung:
Tabelle vorbereiten

Dauer:
10 Minuten

Sprachniveau:
Ab Fortgeschrittene

·······················So geht's ·······················

Die Spieler werden in Fünfer- oder Sechsergruppen auf-geteilt. Jeder Mitspieler notiert ein Wort mit 8 Buchsta-ben. Der erste Spieler in jeder Gruppe beginnt und nennt einen Buchstaben seines Wortes und dessen Position. Wenn er zum Beispiel das Wort *Teleskop* aufgeschrieben hat, kann er sagen „*S, Position 5*". Die Mitspieler müssen verraten, ob dieser Buchstabe auch in ihrem Wort vor-kommt und wenn ja, an welcher Position er steht. Hat also ein anderer Spieler beispielsweise das Wort *Internet* gewählt, so muss er nichts sagen, denn *S* kommt in sei-nem Begriff nicht vor. Ein weiterer Spieler mit dem Wort *schlecht* verrät, dass der genannte Buchstabe *S* in seinem Wort an erster Stelle steht. Wenn das *S* an mehreren Stel-len im Wort vorkommt, muss er alle Positionen angeben. Dann kommt der nächste Spieler an die Reihe und nennt einen noch nicht erwähnten Buchstaben seines Wortes, zum Beispiel bei *Internet*: „*Bei meinem Wort steht an 6. Stelle ein N.*"

Am besten zeichnen alle Spieler eine Tabelle und tragen die Buchstaben dort ein, um die Übersicht zu behalten:

	1	2	3	4	5	6	7	8
Spieler A								
Spieler B								
Spieler C								
Spieler D								
Spieler E								
Spieler F								

Ein Spieler, der glaubt, den Begriff eines Mitspielers zu kennen, kann einen Rateversuch wagen. Wenn er falsch rät, scheidet er für diese Spielrunde aus und bekommt 5 Minuspunkte aufgeschrieben. Für einen richtig gerate-nen Begriff werden ihm 20 Punkte gutgeschrieben.

Buchstabenquiz

....So geht's.......................................

Ein Spieler zieht eine Karte und liest die darauf stehende Aufgabe vor, zum Beispiel *„Ein Tier mit ..."* oder *„Etwas zu lesen mit ..."*. Dann zieht er eine Buchstabenkarte, zum Beispiel *A*, und die Mitspieler müssen möglichst schnell ein Tier bzw. etwas zum Lesen mit *A* nennen. Danach zieht ein anderer Spieler die nächste Aufgabenkarte.

> Ein Tier mit A?

> Affe!

Thema/Lernziel:
Vokabeln wiederholen

Sozialform:
Plenum

Materialien:
Buchstaben- und Aufgabenkarten

Vorbereitung:
Buchstaben- und Aufgabenkarten beschriften

Dauer:
5 bis 10 Minuten

Sprachniveau:
Ab Anfänger

© Verlag an der Ruhr
Postfach 10 22 51
45422 Mülheim an der Ruhr
www.verlagruhr.de

Thema/Lernziel:
Wortschatz
erweitern, Recht-
schreibung,
Wortbildung

Sozialform:
Dreier- oder
Vierergruppen

Materialien:
Scrabble-Spiel; evtl.
Sanduhr, damit die
Spieler nicht zu
lange überlegen

Vorbereitung:
Eventuell selten
gebrauchte Buch-
staben wie Y oder
Q mit in der
Zielsprache häufig
vorkommenden
Buchstaben
überkleben.

Dauer:
20 bis 30 Minuten

Sprachniveau:
Profis

© Verlag an der Ruhr
Postfach 10 22 51
45422 Mülheim an der Ruhr
www.verlagruhr.de

Scrabble®[1]

························· So geht's ·························

Gespielt[1] wird in Kleingruppen von drei bis vier Spielern.
Jeder Spieler bekommt acht Buchstabensteine, die er so
auf sein Bänkchen plaziert, dass die Mitspieler sie nicht
sehen können. Der erste Spieler legt auf dem Spielplan
mindestens zwei Buchstabensteine senkrecht oder waagerecht so zu einem Wort zusammen, dass einer der Steine
auf dem Stern in der Spielplanmitte liegt.
Danach werden die Punkte gezählt, und der Spieler ersetzt
die gespielten Steine durch neue Buchstaben. Dann ist der
nächste Spieler an der Reihe. Dieser und jeder folgende
Spieler fügt den bereits auf dem Spielfeld liegenden Stei-
nen ein oder mehrere neue hinzu, sodass jeweils ein neues, sinnvolles Wort entsteht.

···················· Variationsmöglichkeit ····················

Jeder Spieler erhält 30 bis 40 Blankokärtchen aus Papier
oder Pappe (klein und quadratisch). Ein Spieler beginnt
und schreibt ein längeres Wort nach Buchstaben getrennt
auf seine Blankokärtchen. Dann legt er die Kärtchen auf
den Tisch. Ein anderer Spieler aus der Gruppe sucht ein
Wort, das er anlegen kann. Das notiert er auf seinen Blankokärtchen. Für jeden Buchstaben seines Wortes bekommt
der Spieler einen Punkt gutgeschrieben.

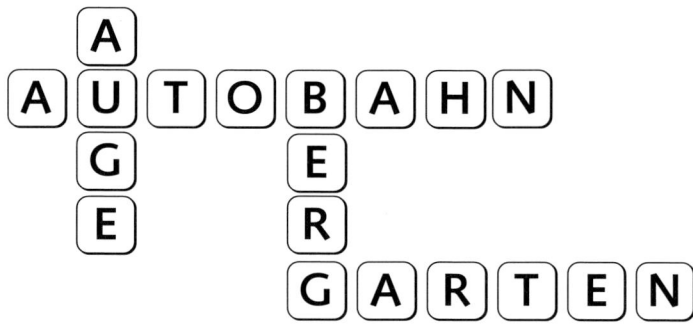

[1] Scrabble ist eine geschützte Marke der Mattel GmbH.

Ungeliebter Buchstabe

...............................So geht's...............................

Der Spielleiter möchte einen bestimmten Buchstaben nicht hören, zum Beispiel *e*. Die Spieler sagen der Reihe nach Wörter, in denen dieser Buchstabe nicht vorkommt. Ein Spieler scheidet aus, wenn ihm kein Wort einfällt, er ein Wort mit dem verbotenen Buchstaben oder ein bereits erwähntes Wort nennt.

Erschweren kann man das Spiel, wenn man zudem ein bestimmtes Wortfeld vorgibt, aus dem die Begriffe stammen sollen.

Thema/Lernziel:
Wortschatz
einüben

Sozialform:
Plenum

Materialien:
—

Vorbereitung:
—

Dauer:
5 Minuten

Sprachniveau:
Ab Anfänger

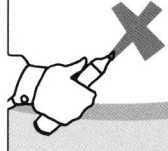

Sprache(n)
lernen
mit
Methode

47

Vokabel-Spiele

Thema/Lernziel:
Wortschatz

Sozialform:
Einzeln

Materialien:

Vorbereitung:

Dauer:
10 Minuten

Sprachniveau:
Profis

**Sprache(n)
lernen
mit
Methode**

48

© Verlag an der Ruhr
Postfach 10 22 51
45422 Mülheim an der Ruhr
www.verlagruhr.de

Buchstabensalat

.... So geht's ....

Der Spielleiter schreibt zehn durcheinander gewürfelte Buchstaben an die Tafel. Daraus sollen die Spieler innerhalb von einer Minute das längstmögliche Wort bilden. Der Gewinner darf den nächsten Buchstabensalat an die Tafel schreiben.

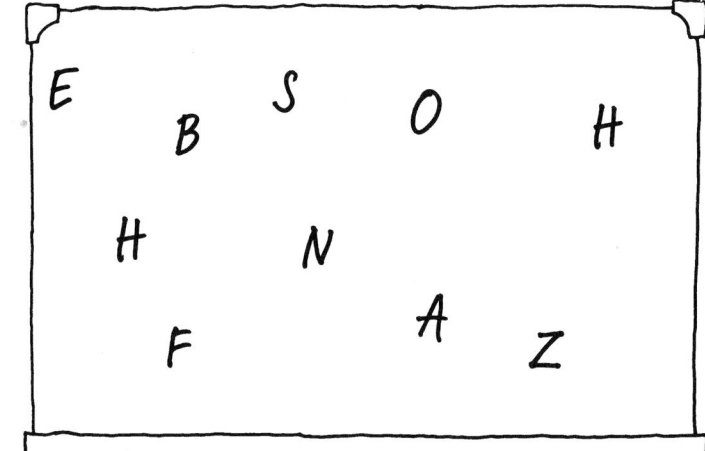

Urlaubsplanung

·····················So geht's ····················

Der Spielleiter erklärt den Spielern, dass sie eine Expedition vorbereiten, für die nur wenig Gepäck mitgenommen werden darf. Für die Zusammenstellung des Gepäcks gelten bestimmte Kriterien, die aber nicht verraten werden. Deshalb muss jeder fragen, was er mitnehmen darf.
<u>Zum Beispiel</u> Ein Mädchen mit dem Namen Simone erkundigt sich: *„Darf ich Bücher mitnehmen?"* – Die Antwort lautet *„nein".* Auch bei *„Wasser, Brot und Kleidung"* wird verneint. Fragt sie jedoch nach *„Sonnenbrille, Süßigkeiten oder Salz"* kommt die Antwort *„ja",* denn diese Wörter fangen mit dem gleichen Buchstaben an wie ihr Vorname.
Spieler, die das Prinzip durchschaut haben, sollten sich zurückhalten und versuchen, die Fragen ihrer Mitspieler zu beantworten.

Thema/Lernziel:
Wortschatz-
wiederholung

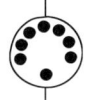
Sozialform:
Plenum

Materialien:
—

Vorbereitung:
—

Dauer:
5 Minuten

Sprachniveau:
Fortgeschrittene

Darf ich eine Sonnenbrille mitnehmen?

Sprache(n)
lernen
mit
Methode
49

Vokabel-Spiele

Thema/Lernziel:
Wiederholung von (thematischem) Wortschatz, Rechtschreibung

Sozialform:
Zwei Großgruppen

Materialien:
Evtl. Stoppuhr

Vorbereitung:
—

Dauer:
15 Minuten

Sprachniveau:
Ab Fortgeschrittene

Kreuzworträtsel

................................So geht's................................

Die Spieler werden in zwei Mannschaften aufgeteilt. Der Spielleiter schreibt ein längeres Wort senkrecht oder waagerecht in Großbuchstaben wie beim Kreuzworträtsel an die Tafel. Im Wechsel ergänzen die Gruppen nun ein Wort, das sich mit dem Ausgangswort kreuzt. Dabei gibt es für jeden Buchstaben einen Punkt. Um zu langen Leerlauf zu vermeiden, kann es sinnvoll sein, die Bedenkzeit zu begrenzen. Bei Rechtschreibfehlern werden drei Punkte abgezogen. Der Spielleiter notiert den Punktestand an einer Tafelseite.

```
N
A                         S
SONNENUNTERGANG
E       E                 U
        U                 H
        G                    LATERNEN
        I
        E
        R
```

© Verlag an der Ruhr
Postfach 10 22 51
45422 Mülheim an der Ruhr
www.verlagruhr.de

Erster und letzter Buchstabe

.... So geht's ....

Zunächst werden Zweiergruppen gebildet. Ein Spieler notiert sich ein Wort und fordert seinen Mitspieler auf, es zu erraten. Er verrät ihm aber lediglich den ersten und den letzten Buchstaben seines Wortes. Der Mitspieler muss so lange raten, bis er das Lösungswort gefunden hat. Dann gibt er ein neues Wort vor und der andere muss raten.

Thema/Lernziel:
Wortschatz
erweitern

Sozialform:
Zweiergruppen

Materialien:
—

Vorbereitung:
—

Dauer:
10 Minuten

Sprachniveau:
Ab Anfänger

Der erste Buchstabe ist ein **F** und der letzte ein **N**!

Ferien!

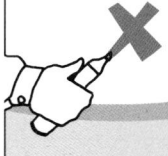

© Verlag an der Ruhr
Postfach 10 22 51
45422 Mülheim an der Ruhr
www.verlagruhr.de

Stadt – Land – Fluss

Thema/Lernziel:
Wortschatztraining

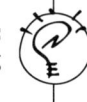

Sozialform:
Plenum

Materialien:
Arbeitsblatt mit
Tabelle

Vorbereitung:
Arbeitsblatt mit
Tabelle erstellen

Dauer:
10 bis 15 Minuten

Sprachniveau:
Ab Fortgeschrittene

·· So geht's ··

Es handelt sich um eine Variante des bekannten Stadt-Land-Fluss-Spiels. Nach Bedarf wird das Spielschema um weitere Kategorien, zum Beispiel *Nahrungsmittel, Wort mit der Endung -heit, Charaktereigenschaft etc.* erweitert. Ein Spieler beginnt lautlos das Alphabet aufzusagen, ein anderer sagt „Stopp", um den Buchstaben zu bestimmen, mit dem zu den Vorgaben der Tabelle Begriffe gesucht werden sollen. Wer zuerst seine Tabelle ausgefüllt hat, ruft „Stopp". Dann lesen die Spieler der Reihe nach ihre Lösungen vor.

Bewertet wird folgendermaßen: Wer ein Wort hat, das ein anderer auch gefunden hat, bekommt 5 Punkte, unterschiedliche Wörter zählen 10 Punkte und derjenige, der als einziger in einer Kategorie ein Wort stehen hat, bekommt 20 Punkte gutgeschrieben.

Stadt	Land	Fluss	Nahrung	Möbel	Punkte
Riga	Russland	Rhein	Reis	Regal	25
Paris	Polen	Po	Pfirsich	Pult	40
Hamburg	Honduras	Havel	Hot Dog	Hocker	40
–					
–					
–					

Sprache(n)
lernen
mit
Methode

52

© Verlag an der Ruhr
Postfach 10 22 51
45422 Mülheim an der Ruhr
www.verlagruhr.de

Ich sehe was, was du nicht siehst

.............................So geht's.............................

Es handelt sich um eine Abwandlung des bekannten Kinderspiels. Hierbei werden nicht nur Gegenstände einer bestimmten Farbe gesucht, sondern es gibt auch andere Möglichkeiten, wie zum Beispiel: *„Ich sehe was, was du nicht siehst, und das ist aus Metall."* oder *„Ich sehe was, was du nicht siehst, und das kann man essen".* Wer den gesuchten Gegenstand erraten hat, stellt die nächste Aufgabe.

 **Thema/Lernziel:**
Wortschatz

 **Sozialform:**
Plenum

 Materialien:
—

 Vorbereitung:
—

 Dauer:
5 Minuten

 Sprachniveau:
Ab Fortgeschrittene

© Verlag an der Ruhr
Postfach 10 22 51
45422 Mülheim an der Ruhr
www.verlagruhr.de

Wortschatz-würfel

Thema/Lernziel:
Wortschatz

Sozialform:
Vierer- bis Sechser-
gruppen

Materialien:
Viele Bildkarten
(ca. 50 pro
Gruppe); Würfel
für jede Gruppe;
Spielfiguren für
jeden Mitspieler

Vorbereitung:
Bildkarten her-
stellen

Dauer:
10 bis 15 Minuten

Sprachniveau:
Ab Anfänger

.............................So geht's.............................

Die Mitspieler werden in Vierer- bis Sechsergruppen aufgeteilt. Jede Gruppe erhält einen Satz Bildkarten, die sie
verdeckt in einem beliebigen Parcours auf einem Tisch
auslegt. Dabei werden Start und Ziel gekennzeichnet. Zehn
weitere Bildkarten liegen verdeckt auf einem Stapel. Nun
wird gewürfelt. Jeder Spieler setzt auf den Bildkarten die
Zahl seiner Würfelpunkte. Die Karte, auf der seine Figur
landet, dreht der Spieler um und benennt den abgebildeten Gegenstand.

An die Stelle seiner Karte legt er nun ein Kärtchen vom
Stapel mit der Bildseite nach unten ab. Die von ihm be-
nannte Karte wird unter den Stapel gemischt, um später
noch einmal ins Spiel gebracht zu werden. Wer einen Gegenstand nicht bezeichnen kann, muss zwei Felder zurückgehen und die dortige Karte benennen. Gewonnen
hat, wer zuerst das Ziel erreicht hat.

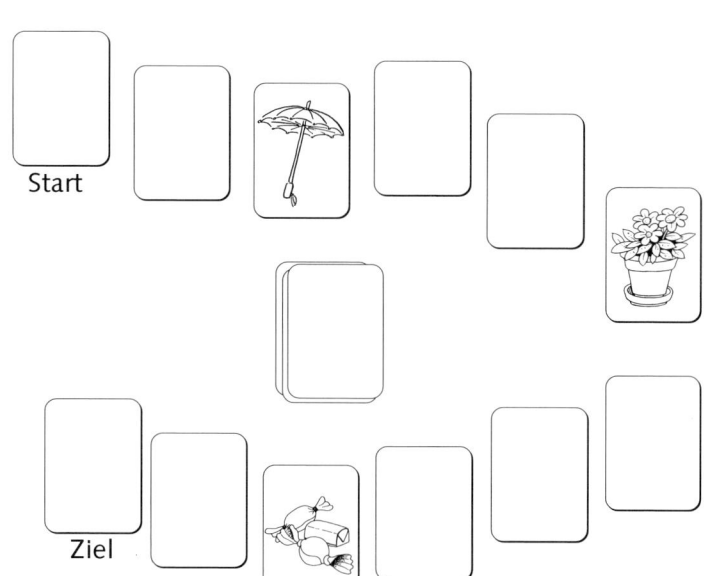

© Verlag an der Ruhr
Postfach 10 22 51
45422 Mülheim an der Ruhr
www.verlagruhr.de

Buchstabier-Pantomime

Thema/Lernziel:
Wortschatzübung

Sozialform:
Plenum

Materialien:
—

Vorbereitung:
—

Dauer:
10 bis 15 Minuten

Sprachniveau:
Ab Anfänger

··········· **So geht's** ···········

Jeder Spieler schreibt ein kurzes Wort, das den Mitspielern auch bekannt sein sollte, auf einen Zettel. Dann werden alle Zettel gemischt und ein Spieler zieht einen. Er muss nun zu jedem Buchstaben seines Wortes eine Pantomime vorführen und auf diese Weise sein Wort buchstabieren.

Lautet sein Wort beispielsweise *H-A-I*, könnte er folgende Pantomimen zeigen, um sein Wort zu buchstabieren.

<u>zum Beispiel</u> ➤ *Hoch*
              ➤ *Auto*
              ➤ *Igel*

Die Mitspieler müssen versuchen, die einzelnen Wörter zu erraten und daraus das gesuchte Wort zu kombinieren.

© Verlag an der Ruhr
Postfach 10 22 51
45422 Mülheim an der Ruhr
www.verlagruhr.de

Verb-Pantomime

Thema/Lernziel:
Wiederholung von
Verben in Verbin-
dung mit Präposi-
tionen und/oder
bestimmten
Substantiven

Sozialform:
Plenum

Materialien:
Karten mit passen-
den Begriffen

Vorbereitung:
Karten beschriften

Dauer:
10 bis 15 Minuten

Sprachniveau:
Ab Anfänger

....**So geht's**..

Ein Spieler bekommt eine Karte, auf der ein Verb mit
passender Ergänzung steht, zum Beispiel *Apfel schälen*,
Koffer packen oder *Kaffee kochen*. Er muss diese Wen-
dung pantomimisch umsetzen, und die Mitspieler raten,
welcher Begriff gemeint ist. Der Spielleiter schreibt die
erratenen Begriffe zur Festigung des Vokabulars an die Tafel.

.... **Variationsmöglichkeit** ....

Man vereinbart, dass die Mitspieler sagen, was der Pantomime <u>getan hat</u>. So werden die Vergangenheitsformen
der Verben benutzt. Diese Übung eignet sich gut zum ersten Anwenden von unregelmäßigen Verben.

Was – Wo – Womit

·····················So geht's·····················

Es werden Dreiergruppen gebildet. Ein Spieler nennt ein Verb, zum Beispiel *schwimmen*. Ein anderer Spieler muss drei Dinge finden, die man für diese Tätigkeit benutzt: *Badeanzug*, *Handtuch* und *Taucherbrille*. Der dritte Mitspieler muss drei Orte aufzählen, an denen man diese Tätigkeit ausübt: *Schwimmbad*, *Freibad*, *See*.
Dann gibt ein anderer Spieler das nächste Verb vor.

Thema/Lernziel:
Gebrauch von Verben, Wortschatz

Sozialform:
Dreiergruppen

Materialien:
—

Vorbereitung:
—

Dauer:
5 Minuten

Sprachniveau:
Fortgeschrittene

Sprache(n)
lernen
mit
Methode

57

Was fehlt – was ist neu?

Thema/Lernziel:
Ausgewählte Wortfelder

Sozialform:
Plenum

Materialien:
10 bis 15 Gegenstände aus einem Wortfeld (Kosmetikartikel, Schreibwaren, Küchenutensilien); so viele Klebezettel, wie es Gegenstände gibt

Vorbereitung:
Gegenstände mitbringen

Dauer:
10 Minuten

Sprachniveau:
Ab Anfänger

.... So geht's ....

Alle Gegenstände werden vorne im Raum auf einen Tisch gelegt. Ein Spieler verlässt den Raum, danach wird ein Gegenstand vom Tisch genommen. Der Spieler wird wieder hereingebeten und muss den fehlenden Gegenstand benennen. Dann verlässt ein Mitspieler den Raum, und es wird ein anderer Gegenstand entfernt. Zum Schluss beschriften die Spieler Klebezettel mit dem Vokabular und kleben auf jeden Gegenstand den passenden Zettel.

.... Variationsmöglichkeiten ....

Statt Gegenstände wegzunehmen, kann man auch pro Runde einen hinzulegen.

Birne

Gemeinsames Assoziieren

Thema/Lernziel:
Erarbeiten von
Wortfeldern

Sozialform:
Plenum

Materialien:
—

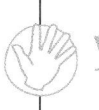

Vorbereitung:
—

Dauer:
10 bis 15 Minuten

Sprachniveau:
Ab Fortgeschrittene

················· **So geht's** ·················

Ein Spieler nennt einen Begriff. Alle Mitspieler schreiben zu diesem Begriff drei Assoziationen auf, die ihnen spontan einfallen. Die genannten Begriffe werden auf einem Plakat oder an der Tafel gesammelt und bilden so ein Wortfeld, das anschließend gemeinsam ergänzt werden kann. Eventuell kann man dann aus diesen Assoziationen ein Mind Map®**1** entwickeln.

················· **Variationsmöglichkeit** ·················

Ein Spieler nennt ein Wort, zum Beispiel *Eis*. Der nächste Spieler muss ein Wort sagen, das er spontan damit assoziiert, beispielsweise *Waffel*. Dann bildet ein weiterer Spieler einen Satz, in dem diese beiden Wörter vorkommen, wie etwa: *„Das Eis ist in einer Waffel"* oder *„Ein Eis ohne Waffel heißt Eis am Stiel"*.

1) Mit freundlicher Genehmigung des Buzan Centre Austria.

Sprache(n)
lernen
mit
Methode

59

© Verlag an der Ruhr
Postfach 10 22 51
45422 Mülheim an der Ruhr
www.verlagruhr.de

Vokabel-Spiele

Thema/Lernziel:
Wiederholung/
Festigung von
Vokabular zu
bestimmtem
Wortfeld

Sozialform:
Einzeln

Materialien:
Kopie, auf der
inmitten vieler
Buchstaben Wörter
eines bestimmten
Wortfeldes ver-
steckt sind

Vorbereitung:
Suchsel entwerfen

Dauer:
Je nach Größe 10
bis 15 Minuten

Sprachniveau:
Ab Anfänger

Suchsel

···So geht's ···

Auf den Kopien sind Begriffe senkrecht, waagerecht und diagonal in einem Buchstabensalat versteckt. Die Spieler suchen einzeln oder paarweise nach den verborgenen Wörtern. Um die Aufgabe zu erleichtern, kann man die Begriffe, die gefunden werden sollen, am Rand der Kopie auflisten. Damit die Spieler einen Richtwert haben, sollte der Spielleiter zu Anfang auf jeden Fall verraten, wie viele Vokabeln im Suchsel versteckt sind.

·····························Variationsmöglichkeiten ·····························

1. Man kann Infinitivformen angeben und die dazugehörigen Partizipien im Suchsel verstecken.
2. Am Rand des Suchsels stehen deutsche Begriffe, die Spieler müssen die dazugehörigen Übersetzungen im Suchsel finden.
3. Es werden Begriffsdefinitionen vorgegeben. Die Spieler müssen anhand dieser Erklärungen die Vokabeln heraus-finden, die im Suchsel verborgen sind.

**Sprache(n)
lernen
mit
Methode**

60

Vokabelbingo

······························ So geht's ·····························

Jeder Spieler erhält ein Arbeitsblatt mit folgender Tabelle:

1	2	3	4	5
Lebensmittel	Kleidungsstücke	Farben	Adjektive	Möbel

Stattdessen können auch andere Oberbegriffe angegeben werden, je nachdem, welches Vokabular eingeübt werden soll. Jeder Spieler füllt nun die Tabelle aus. Dabei sollten aber nicht nur ganz nahe liegende Dinge ausgewählt werden, sondern auch ausgefallenere. Der Spielleiter nennt dann je zwei Lebensmittel, zwei Kleidungsstücke, zwei Farben, zwei Adjektive und zwei Möbelstücke und schreibt sie zur Kontrolle an die Tafel. Währenddessen streichen die Spieler jeden genannten Begriff, der in ihrer Tabelle steht, an – genau wie beim Bingo. Nach dieser ersten Runde ruft der Spielleiter wiederum zwei Lebensmittel, Kleidungsstücke etc. Gewonnen hat der Spieler, der zuerst in einer senkrechten oder waagerechten Reihe fünf Begriffe angekreuzt hat.

···················· Variationsmöglichkeit ····················

Die Gruppe überlegt sich drei Wortfelder, wie zum Beispiel *Gemüsesorten, Kleidung* und *Farben*. Dann schreibt jeder Spieler drei beliebige Gemüsesorten, Kleidungsstücke und Farben in seine Tabelle. Der Spielleiter (oder evtl. auch ein Spieler) wählt eine beliebige Vokabel aus den vorgegebenen Wortfeldern aus und beschreibt sie im Kontext mit Hilfe von Synonymen/Antonymen oder durch eine Definition. Die Mitspieler erraten das Wort und prüfen dann nach, ob es in ihrer Tabelle steht. Wenn das der Fall ist, können sie es durchstreichen. Wenn der erste Spieler entweder drei senkrecht, waagerecht oder diagonal untereinander stehende Wörter durchgestrichen hat, ruft er *„Bingo"* und ein neues Spiel kann beginnen.

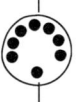

Thema/Lernziel:
Wiederholung von Vokabular zu bestimmten Wortfeldern

Sozialform:
Plenum

Materialien:
Pro Spieler eine vorgefertigte Tabelle (nach oben stehendem Muster)

Vorbereitung:
Arbeitsblatt mit Tabelle erstellen

Dauer:
10 Minuten

Sprachniveau:
Ab Anfänger

Vokabel-Spiele

Thema/Lernziel:
Bestimmte Wort-
felder

Sozialform:
Einzeln

Materialien:
—
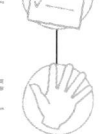

Vorbereitung:
—

Dauer:
5 bis 10 Minuten

Sprachniveau:
Ab Fortgeschrittene

Wortfeld ergänzen

....So geht's ....

Der Spielleiter schreibt ein langes Substantiv an die Tafel und nennt das dazugehörige Wortfeld.

Die Mitspieler müssen nun zu jedem Buchstaben des Wortes ein weiteres Wort aus dem betreffenden Wort-feld finden.

<u>Zum Beispiel</u>   *Esstisch*
                    (Möbel)
          ➤ *E – Einbauschrank*
          ➤ *S – Stuhl*
          ➤ *S – Sofa*
              usw.

ESSTISCH (→Möbel)
E — EINBAUSCHRANK
S — STUHL
S — SOFA
T — TISCH
I — INNENARCHITEKT
S — SCHREIBTISCH
C — COUCH
H — HOCHBETT

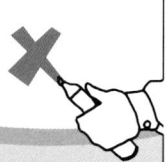

Mind Mapping®[1]

.... So geht's ....

Ein Themenbereich wird vorgegeben, zum Beispiel *Stadt*. Dieser Begriff wird jeweils in die Mitte eines Plakates geschrieben. Gemeinsam überlegt die Gruppe, in welche Unteraspekte man dieses Thema gliedern könnte, beispielsweise

➤ *Gebäude*
➤ *Verkehr*
➤ *Geschäfte*
➤ *Natur*.

Dann notieren die Spieler in Zweiergruppen auf einem Poster möglichst viele Begriffe zu den Unteraspekten. Zum Beispiel könnten sie zu Gebäude *Kirche, Schule, Rathaus, Hochhaus, Kaufhaus* aufschreiben. Nach ein paar Minuten tauschen die Zweiergruppen die Papierbögen untereinander aus und ergänzen die Begriffe. Dann werden die Mind Maps®[1] im Plenum besprochen, die Artikel zugeordnet und die Rechtschreibung wird überprüft.

Thema/Lernziel:
Wortfelder zu einem bestimmten Themenbereich

Sozialform:
Zweiergruppen

Materialien:
Große Papierbögen, Tesafilm oder Magneten, um das Papier aufzuhängen; verschiedenfarbige Filzstifte

Vorbereitung:
—

Dauer:
15 bis 20 Minuten

Sprachniveau:
Ab Anfänger

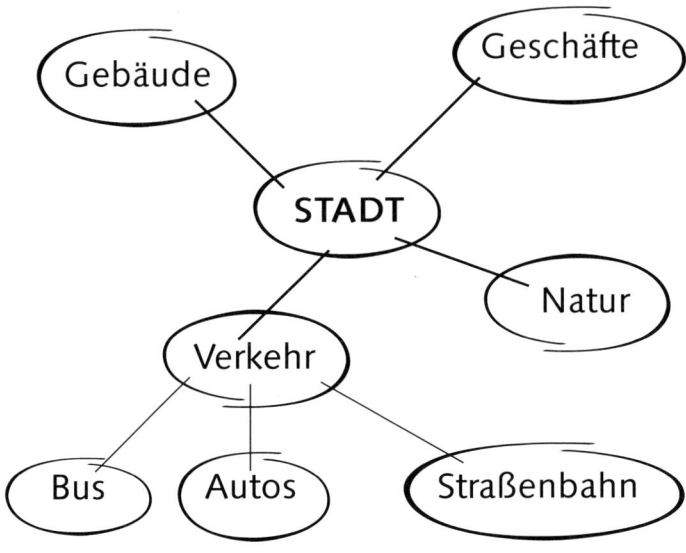

Sprache(n)
lernen
mit
Methode

63

© Verlag an der Ruhr
Postfach 10 22 51
45422 Mülheim an der Ruhr
www.verlagruhr.de

1) Mit freundlicher Genehmigung des Buzan Centre Austria.

Legespiel

Thema/Lernziel:
Wiederholung
bestimmter
Wortfelder

Sozialform:
Plenum

Materialien:
20 bis 30 Karten-
sätze, die aus einer
Bildkarte und einer
Karte mit passender
Begriffsdefinition
bestehen.

Vorbereitung:
Kartensätze
vorbereiten

Dauer:
10 Minuten

Sprachniveau:
Ab Anfänger

······································So geht's ·····································

Die Spieler stehen um einen Tisch herum und legen alle
Bildkarten nebeneinander mit der Bildseite nach oben auf
den Tisch. Die Definitionskarten liegen gut gemischt verdeckt auf einem Stapel. Der erste Spieler nimmt eine
Definitionskarte vom Stapel, liest die Definition vor und
legt die Karte dann auf einen anderen Tisch.
Die Mitspieler müssen nun die passende Bildkarte finden
und anlegen. Dann wird die nächste Definitionskarte vorgelesen und wiederum das entsprechende Bild zugeordnet.

·····························**Variationsmöglichkeit**···························

Jeder Spieler erhält ein Spielblatt, auf dem in kleinen Feldern Begriffe im Singular (oder Adjektive) stehen. Außer-
dem bekommt jeder Spieler einen Stapel Karten mit den
entsprechenden Gegensätzen bzw. Pluralformen. Diese
Karten müssen jeweils auf den passenden Feldern abge-
legt werden.

sorgt für
Licht und
Wärme

Kleidungs-
stück für
Männer
und Frauen

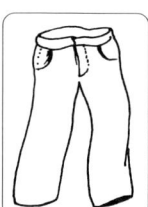

Gerät zum
Schneiden

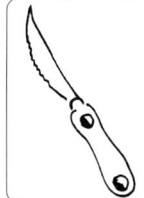

Sprache(n)
lernen
mit
Methode

64

© Verlag an der Ruhr
Postfach 10 22 51
45422 Mülheim an der Ruhr
www.verlagruhr.de

Wortfragmente

·············· **So geht's** ··············

Jeder Spieler bekommt ein Arbeitsblatt mit einer thematisch passenden Zeichnung, in der Buchstabenfetzen stehen, die zu dem Vokabular aus einem bestimmten Wortfeld gehören.

Zum Beispiel _Wenn man Kleidungsstücke wiederholen möchte, könnten sich die Buchstabenfetzen in einem Koffer befinden und man findet darin LEI (Kleid), OC (Rock), US (Bluse) etc._

Die Spieler sollen die Buchstabenfetzen so schnell wie möglich zu Wörtern ergänzen.

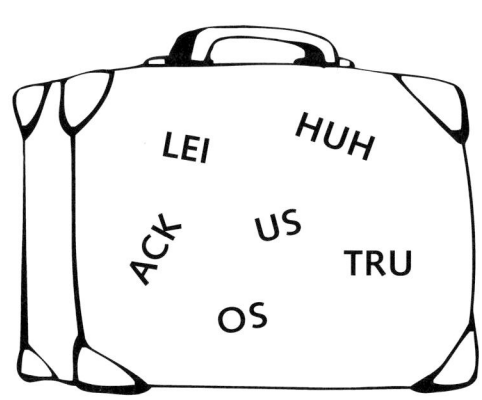

Thema/Lernziel:
Vokabular zu bestimmtem Wortfeld sichern

Sozialform:
Einzeln

Materialien:
Arbeitsblatt, evtl. Wörterbuch

Vorbereitung:
Arbeitsblatt erstellen

Dauer:
5 bis 10 Minuten

Sprachniveau:
Ab Anfänger

Sprache(n)
lernen
mit
Methode

65

Wer hat den Ball?

Thema/Lernziel:
Wiederholen bestimmter Wortfelder

Sozialform:
Plenum

Materialien:
Kleiner Ball

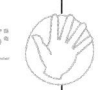

Vorbereitung:
—

Dauer:
5 bis 10 Minuten

Sprachniveau:
Ab Anfänger

·······································So geht's·······································

Die Spieler bilden einen Kreis und geben den Ball von Hand zu Hand weiter. Wenn der Spielleiter „Stopp" ruft, muss der Spieler, der den Ball gerade in der Hand hält, eine Aufgabe erfüllen, beispielsweise:

➤ *„Nenne drei rote Obstsorten"*
➤ *„Nenne fünf Kleidungsstücke für Frauen"*
➤ *„Nenne sieben Lebensmittel"*

Der Ball wandert weiter, und es werden neue Aufgaben gestellt.

·························Variationsmöglichkeiten·························

1. Die Anzahl der zu nennenden Dinge wird immer erhöht, beginnt also mit *„Nenne ein Milchprodukt"*, *„Nenne zwei Nachbarländer von Deutschland"* bis zu *„Nenne 15 Verben"*. Die Aufgaben können dem Niveau der Gruppe angepasst werden.

2. Der Ball wird hin- und hergeworfen. Dabei muss immer der Spieler, der den Ball wirft, die nächste Aufgabe stellen.

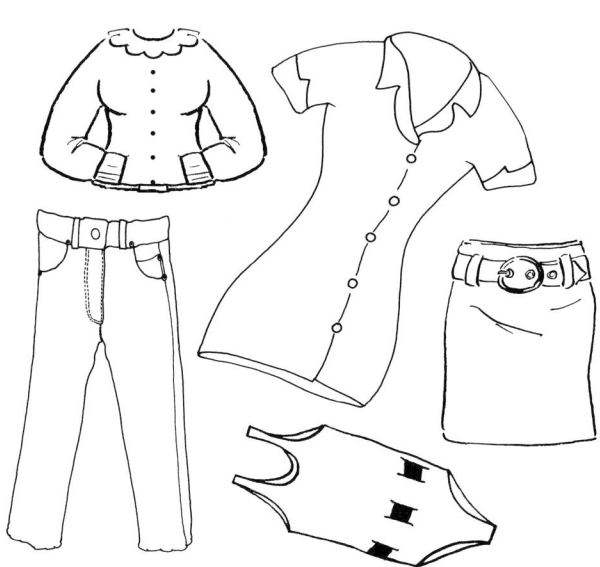

© Verlag an der Ruhr
Postfach 10 22 51
45422 Mülheim an der Ruhr
www.verlagruhr.de

Davor und dahinter

················· So geht's ·················

Jeder Spieler erhält ein Arbeitsblatt und versucht, zu jeder Vor- oder Nachsilbe mindestens drei Begriffe zu finden. Danach werden die Wörter an der Tafel gesammelt. Folgende Vor- oder Nachsilben könnten auf dem Arbeitsblatt stehen:

Vorsilben:

➤ Ab
➤ An
➤ Auf
➤ Aus
➤ Be
➤ Bei
➤ Ein
➤ Ent
➤ Ex
➤ Ge
➤ Her
➤ Hin
➤ In
➤ Mit
➤ Nach
➤ Ober
➤ Per
➤ Pro
➤ Über
➤ Um
➤ Un
➤ Unter
➤ Ur
➤ Ver
➤ Voll
➤ Vor
➤ Zer
➤ Zu

Aus —— fahrt / weg / gang

Auf —— stieg / trieb / gabe

Nachsilben:

➤ chen
➤ ei
➤ heit
➤ ion
➤ keit
➤ lich
➤ ing
➤ los
➤ nis
➤ tum
➤ ung
➤ voll

Thema/Lernziel:
Wortbildung mit Hilfe von Prä- oder Suffixen

Sozialform:
Einzeln

Materialien:
Je Spieler ein Arbeitsblatt mit den links genannten Vor- oder Nachsilben oder einer Auswahl davon

Vorbereitung:
Arbeitsblatt erstellen

Dauer:
15 Minuten

Sprachniveau:
Profis

Sprache(n) lernen mit Methode

67

© Verlag an der Ruhr
Postfach 10 22 51
45422 Mülheim an der Ruhr
www.verlagruhr.de

Vokabel-Spiele

Thema/Lernziel:
Bildung zusammengesetzter Substantive

Sozialform:
Plenum

Materialien:

Vorbereitung:

Dauer:
10 bis 15 Minuten

Sprachniveau:
Ab Fortgeschrittene

Sprache(n)
lernen
mit
Methode

68

Wortkombination

................................So geht's ....

Jeder Spieler notiert auf seinem Blatt Papier zehn Substantive, die als Ausgangspunkt für zusammengesetzte Wörter dienen sollen. Dann liest jeder Spieler der Reihe nach ein Wort von seiner Liste vor. Wer ein Wort hat, das er hinten anhängen kann, muss es laut nennen. Sagt der Erste beispielsweise *Hals* und ein anderer Spieler hat das Wort *Tablette* notiert, kann er sein Wort rufen. Diese beiden Spieler dürfen die benutzten Wörter von ihrer Liste streichen. Gewonnen hat, wer die meisten Wörter von seiner Liste mit einem Wort verbinden konnte.

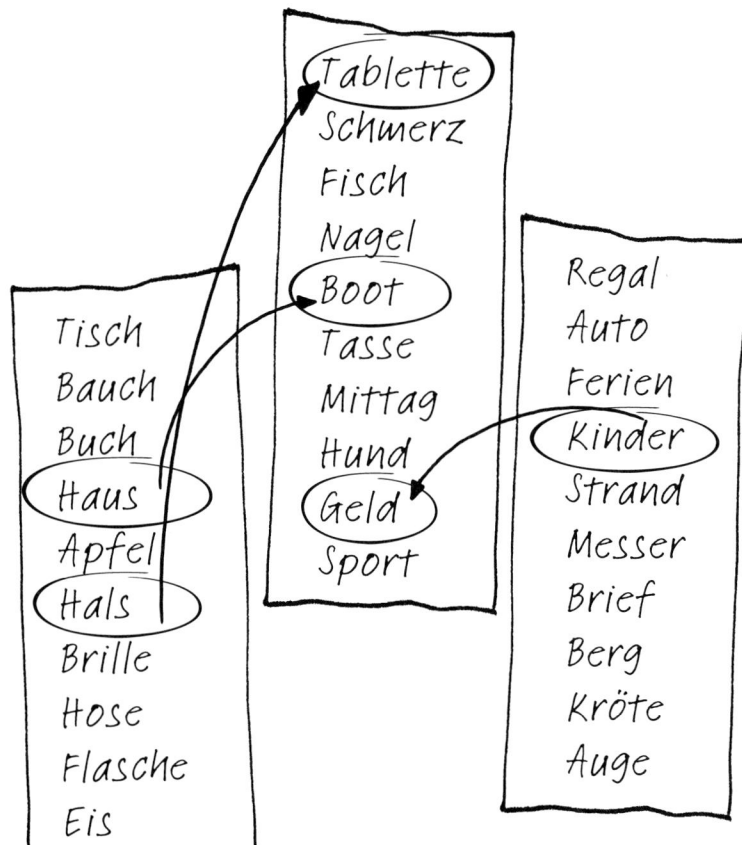

Komposita-Komposition

.... So geht's ....

Ein Spieler gibt ein Substantiv vor, beispielsweise *Tisch*. Die Gruppe soll nun zu *Tisch* je ein männliches, ein weibliches und ein neutrales Kompositum suchen, etwa: *der Tischnachbar, die Tischdecke, das Tischkärtchen.* Dann nennt ein Mitspieler ein neues Substantiv.

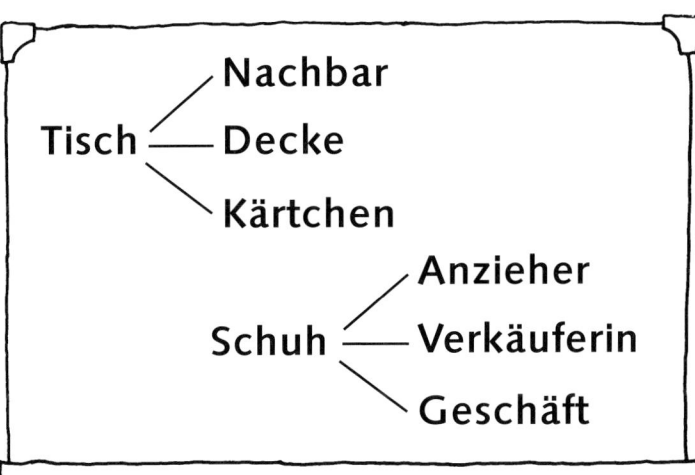

Tisch —— Nachbar
—— Decke
—— Kärtchen

Schuh —— Anzieher
—— Verkäuferin
—— Geschäft

Thema/Lernziel:
Wortbildung

Sozialform:
Plenum

Materialien:
—

Vorbereitung:
—

Dauer:
5 Minuten

Sprachniveau:
Profis

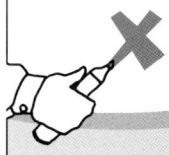

Sprache(n)
lernen
mit
Methode

69

Sie ist nicht dick, nicht groß, nicht alt

Thema/Lernziel:
Wortfeld Kleidung,
Farben, Personen-
beschreibung,
Adjektivflexion,
Verneinung

Sozialform:
Plenum

Materialien:
Ca. zehn große,
farbige Fotos von
Personen, die sich
zumindest teilwei-
se ähnlich sehen
(z.B. aus Zeitschrif-
ten); Klebeband

Vorbereitung:
Geeignete Fotos
auswählen

Dauer:
10 Minuten

Sprachniveau:
Ab Fortgeschrittene

·········· **So geht's** ··········

Die Fotos werden an die Wand gehängt, sodass alle auch
die Details gut erkennen können. Ein Spieler beschreibt
eine der abgebildeten Personen. Die Mitspieler raten, um
welches Foto es sich handelt. Bei den Beschreibungen
wird aber nur gesagt, was oder wie die abgebildeten Personen nicht sind, also beispielsweise: „Sie ist *nicht* dick,
hat *keine* blonden Haare, ist *nicht* älter als 50 Jahre …"
Damit die Spannung länger anhält, sollten zunächst Aspekte beschrieben werden, die auf mehrere Fotos zutreffen. Wenn schließlich eine Person erraten wurde, ist ein
anderer Spieler mit seiner Beschreibung an der Reihe.

·········· **Variationsmöglichkeit** ··········

Statt zu beschreiben, was eine Person nicht hat, kann auch
beschrieben werden, wie sie ist und was sie hat. Dabei
sollten die Spieler zunächst mit unwichtigen Details beginnen, die auf mehrere Personen zutreffen.

Sie ist nicht älter als 50 Jahre. Sie trägt keinen Rock. Sie hat keinen Pferdeschwanz.

Personen-Kim

·· So geht's ·····································

Ein Spieler verlässt den Raum, und die anderen versuchen ihn so genau wie möglich zu beschreiben. Alle Beobachtungen werden an der Tafel festgehalten. Der Spieler draußen verfasst ebenfalls eine Beschreibung seiner Person. Dann wird er wieder hereingerufen, die Beobachtungen werden vorgetragen und mit der Realität verglichen.

Thema/Lernziel:
Personenbeschreibungen, Körperteile, Farben, Kleidungsstücke

Sozialform:
Plenum

Materialien:
—

Vorbereitung:
—

Dauer:
5 Minuten

Sprachniveau:
Anfänger

SABINE
- 1,70m groß
- schlank
- schulterlange rote Haare
- grüne Augen
- Sommersprossen
- schwarzes Kleid mit spitzem Ausschnitt
- Silberkette

Sprache(n)
lernen
mit
Methode

71

© Verlag an der Ruhr
Postfach 10 22 51
45422 Mülheim an der Ruhr
www.verlagruhr.de

Partner-
suchspiel

Thema/Lernziel:

Personenbeschrei-
bung (zur Gruppen-
bildung geeignet)

Sozialform:

Plenum

Materialien:

So viele Personen-
fotos oder
-zeichnungen wie
Spieler; jedes Bild
sollte zweifach
vorhanden sein.

Vorbereitung:

Geeignete Fotos
auswählen

Dauer:

10 bis 20 Minuten

Sprachniveau:

Ab Fortgeschrittene

··So geht's ··

Jeder Spieler bekommt eine Abbildung von einer Person.
Nachdem sich jeder sein Bild intensiv angeschaut hat, lassen die Spieler ihre Bilder auf ihrem Platz liegen und gehen im Raum umher. Dabei unterhalten sie sich mit ihren
Mitspielern über ihre Fotos. Sie beschreiben ihre eigenen
Bilder oder stellen Fragen zum Bild des Gesprächspart-
ners. Wenn ein Partner sicher weiß, dass sein Gesprächs-
partner nicht das identische Foto hat, befragt er weitere
Mitspieler, bis er seinen Partner gefunden hat.

······················ Variationsmöglichkeit ······················

Man kann auch Fotos von Tieren oder Straßenszenen verwenden, um das entsprechende Vokabular einzuüben.

© Verlag an der Ruhr
Postfach 10 22 51
45422 Mülheim an der Ruhr
www.verlagruhr.de

Steckbriefe zuordnen

·················· **So geht's** ··················

An verschiedenen Stellen im Raum werden Porträts an die Wand gehängt. Die Beschreibungen dazu liegen nach Zahlen geordnet auf verschiedenen Stapeln am Pult. Zum Auftakt bekommt jeder Spieler eine Karte mit einem nummerierten Kurzsteckbrief und sucht das passende Porträt. Wenn ein Spieler glaubt, fündig geworden zu sein, geht er zum Spielleiter und nennt ihm seine Buchstaben-/Zahlenkombination. Wenn er Recht hatte, bekommt er einen Punkt und kann sich eine neue Beschreibung nehmen. Gewonnen hat der Spieler, der in der vorher festgelegten Zeit die meisten Porträts zugeordnet hat.

Thema/Lernziel:
Leseverständnis, Personenbeschreibungen, Adjektivflexion

Sozialform:
Einzeln

Materialien:
Porträts mit Buchstaben, Karten mit nummerierten Kurzsteckbriefen zu den Porträts (jeweils so viele Beschreibungen von einem Porträt, wie es Spieler gibt); Tesafilm

Vorbereitung:
Porträts aussuchen, Kurzsteckbriefe erstellen

Dauer:
10 Minuten

Sprachniveau:
Ab Fortgeschrittene

Lange Haare
Brille
Lockige Haare

Kurze Haare
Braune Augen
Glatte Haare

Sprache(n)
lernen
mit
Methode

73

Vokabel-Spiele

Thema/Lernziel:
Wortfeld Biografie,
Leseverständnis,
Landeskunde

Sozialform:
Plenum

Materialien:
20 bis 30 Fotos
von Prominenten
aus dem
Zielsprachenland;
Karten mit biografi-
schen Angaben zu
den Prominenten;
Klebeband, Edding

Vorbereitung:
Fotos auswählen
und Biografiekarten
erstellen

Dauer:
15 bis 20 Minuten

Sprachniveau:
Ab Fortgeschrittene

Sprache(n)
lernen
mit
Methode

7 4

© Verlag an der Ruhr
Postfach 10 22 51
45422 Mülheim an der Ruhr
www.verlagruhr.de

Prominenten-Puzzle

·············· So geht's ··············

Die Fotos werden für alle gut sichtbar an die Wand gehängt. Unter jedem Bild klebt ein Klebestreifen, auf dem
die Spieler die Namen des Prominenten schreiben. Dann
bekommt jeder Spieler zwei bis drei Karten mit biogra-
fischen Angaben zu den Prominenten. Ein Spieler liest
eine Karte vor, und gemeinsam versuchen die Spieler, die
Informationen einer prominenten Person zuzuordnen.
Folgende Informationen könnten beispielsweise auf den
Karten stehen:

➤ *Geburtsort*
➤ *Geburtsjahr*
➤ *Beruf*
➤ *Bekannte Werke*
➤ *Berühmte Zitate dieser Person*

Zimmer beschreiben

·············· **So geht's** ··············

Zunächst richtet jeder Spieler sein Zimmer ein: Er schneidet aus den Prospekten Möbel, Lampen, Teppiche etc. aus und klebt alles nach seinem Geschmack auf den Grundriss. Dann sucht sich jeder einen Spielpartner.

Einer der Spieler fragt seinen Partner nun nach der Einrichtung, beispielsweise: *„Wo steht dein Sofa?" – „Rechts in der Ecke, vor dem Fenster." – „Wo hängen Bilder?" – „Über dem Sofa und an der linken Wand."*

Auf einem weiteren Blatt mit dem Grundriss muss der Fragende das Zimmer seines Spielpartners skizzieren. Anschließend werden Zeichnung und Collage verglichen, dann tauschen die Spieler ihre Rollen.

Thema/Lernziel:
Wortfeld Haus,
Präpositionen

Sozialform:
Zweiergruppen

Materialien:
Möbelhaus-
kataloge, Prospek-
te, Scheren,
Klebestifte; Arbeits-
blatt, auf dem der
Grundriss eines
Zimmers einge-
zeichnet ist
(doppelt so viele
Grundrisse wie
Spieler)

Vorbereitung:
Arbeitsblatt mit
dem Grundriss
eines Zimmers
erstellen

Dauer:
30 Minuten

Sprachniveau:
Ab Fort-
geschrittene

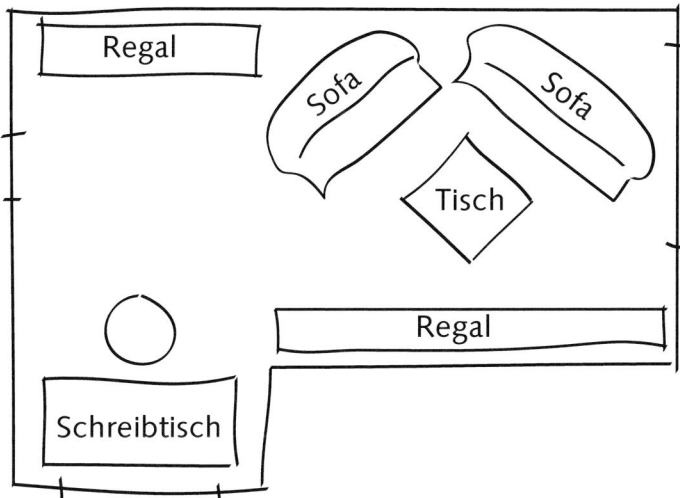

© Verlag an der Ruhr
Postfach 10 22 51
45422 Mülheim an der Ruhr
www.verlagruhr.de

Vokabel-Spiele

Thema/Lernziel:
Wortfeld Möbel

Sozialform:
Plenum

Materialien: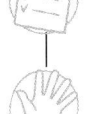
—

Vorbereitung:
—

Dauer:
5 Minuten

Sprachniveau:
Ab Fortgeschrittene

© Verlag an der Ruhr
Postfach 10 22 51
45422 Mülheim an der Ruhr
www.verlagruhr.de

Chaos im Raum

·············· **So geht's** ··············

Eventuell wird zunächst das Wortfeld *Möbel* wiederholt. Dann kann das Spiel beginnen und der Spielleiter deutet beispielsweise auf einen Tisch und sagt: *„Das ist ein Stuhl."* Danach zeigt er auf einen Spieler, und dieser muss ihn korrigieren: *„Das ist kein Stuhl, sondern ein Tisch."* Wenn er richtig korrigiert hat, darf er den nächsten Gegenstand falsch bezeichnen und den nächsten Spieler aussuchen. Wenn er falsch lag, sollte ein anderer Mitspieler ihm zu Hilfe kommen. Durch die Übung und die häufige Wiederholung lassen sich die Bezeichnungen besser einprägen.

Landkarte

·············· **So geht's** ··············

Die Landkarte wird für alle gut sichtbar an die Wand gehängt. Ein Spieler beginnt und schreibt einen Ländernamen auf einen Klebezettel. Dann klebt er ihn an der richtigen Stelle auf die Karte. Dabei nennt er seinen Ländernamen laut, und der Spielleiter korrigiert gegebenenfalls die Aussprache.

·············· **Variationsmöglichkeit** ··············

Statt einer Landkarte kann man auch beispielsweise eine Supermarktreklame, einen Körperumriss oder einen Möbelhauskatalog aufhängen und mit dem entsprechenden Vokabular bekleben lassen.

Thema/Lernziel:
Ländernamen,
Aussprache

Sozialform:
Plenum

Materialien:
Landkarte
(z.B. von Europa),
kleine Klebezettel,
Schere, Klebeband

Vorbereitung:
—

Dauer:
10 Minuten

Sprachniveau:
Anfänger

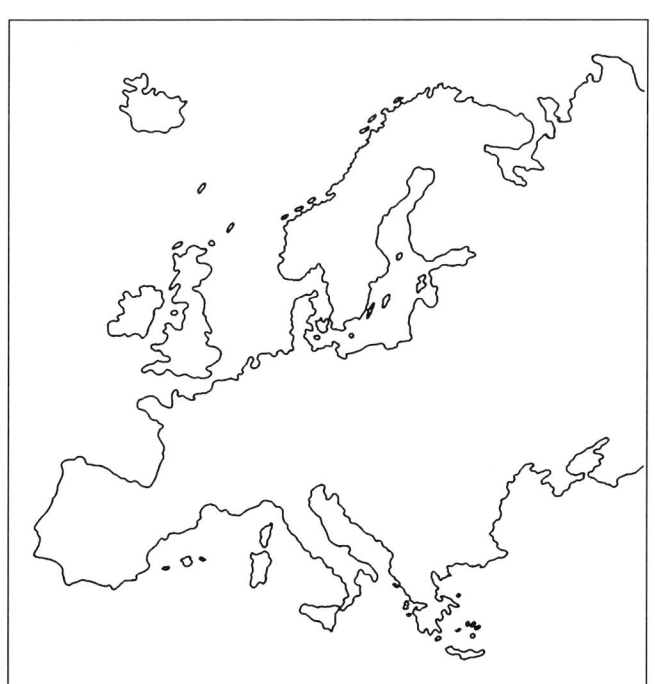

Sprache(n)
lernen
mit
Methode

77

Deutschlandspiel

Thema/Lernziel:
Landeskunde,
Assoziation,
Vorbereitung einer
Diskussion

Sozialform:
Plenum

Materialien:
Liste mit Alphabet

Vorbereitung:
Arbeitsblatt mit
Alphabet-Tabelle
erstellen

Dauer:
20 bis 30 Minuten

Sprachniveau:
Profis

·· **So geht's** ··

Jeder Spieler notiert zu jedem Buchstaben des Alphabets
ein oder mehrere Dinge, die er mit Deutschland (bzw.
dem Zielsprachenland) verbindet. Das können bestimmte Personen, Städtenamen oder Eigenheiten sein. Danach
werden die Assoziationen im Plenum diskutiert, und man
kann feststellen, wodurch das Bild von Deutschland oder
einem anderen Land geprägt wird.

Deutschland	
A	
B	Bier
C	
D	
E	
F	
G	Goethe
H	
I	
J	
K	Kölner Dom
L	
M	
N	
O	
P	
Q	
R	
S	
T	
U	
V	
W	
X	
Y	
Z	Zugspitze

**Sprache(n)
lernen
mit
Methode**

78

© Verlag an der Ruhr
Postfach 10 22 51
45422 Mülheim an der Ruhr
www.verlagruhr.de

Wie ist das?

·············· **So geht's** ··············

Ein Spieler fragt zum Beispiel: „*Was ist grün?*" Die Mitspieler nennen so viele Sachen wie möglich, die diese Bedingung erfüllen. Der Schwierigkeitsgrad wird erhöht, wenn man Gegenstände sucht, die durch drei, vier oder fünf Adjektive beschrieben werden, zum Beispiel: „*Was ist heiß, salzig, fettig, kalorienreich?*" – „*Eine Portion Pommes.*"

 Thema/Lernziel:
Adjektive

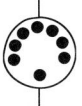 **Sozialform:**
Plenum

 Materialien:
—

 Vorbereitung:
—

 Dauer:
5 Minuten

 Sprachniveau:
Ab Fortgeschrittene

Was ist grün?

Frosch, Gras, Apfel

Sprache(n)
lernen
mit
Methode

79

Vokabel-Spiele

Thema/Lernziel:
Erklären von Begriffen, Verbesserung der Ausdrucks-fähigkeit

Sozialform:
Plenum

Materialien:
Karteikarten mit geeigneten Begriffen (mögli-cherweise zu einem bestimm-ten Wortfeld)

Vorbereitung:
Karteikarten mit Begriffen be-schriften

Dauer:
10 bis 15 Minuten

Sprachniveau:
Ab Anfänger

Wörter erklären

··· So geht's ·································

Ein Spieler nimmt eine Karteikarte und umschreibt den Mitspielern den Begriff, ohne das Wort selbst zu nennen. Wer es erraten hat, erklärt die nächste Vokabel. Wenn man möchte, kann man die Übung zur Wiederholung be-stimmter Wortfelder benutzen und nur Wörter, die zu ei-nem Thema gehören, vorgeben.

Ampel

Bahnhof

Schwamm

Auto

Stuhl

Stiefel

Sonne

Sprache(n) lernen mit Methode

80

Sprichwörter malen

.... **So geht's** ....

Ein Spieler erhält eine Karte mit einem Sprichwort. Er hat eine Minute Zeit, das Sprichwort an der Tafel zu illustrieren. Die anderen versuchen zu erraten, welches Sprichwort dargestellt wird.

Thema/Lernziel:
Wiederholung von Sprichwörtern

Sozialform:
Plenum

Materialien:
Karten mit Sprichwörtern, Stoppuhr

Vorbereitung:
Karten mit Sprichwörtern beschriften

Dauer:
10 bis 15 Minuten

Sprachniveau:
Ab Fortgeschrittene

Vokabel-Spiele

Thema/Lernziel:
Finden von Ober-
begriffen,
Kategorisierung

Sozialform:
Plenum

Materialien:
—

Vorbereitung:
—

Dauer:
10 Minuten

Sprachniveau:
Ab Fortgeschrittene

Kategorisierung

................................So geht's ....

Der Spielleiter schreibt verschiedene Begriffe an die Tafel, die Spieler suchen Begriffspaare, die mindestens ein gemeinsames Merkmal aufweisen. Dabei gibt es verschiedene Möglichkeiten.

Zum Beispiel Milch, Brötchen, Wein, Schnee. Hier kann man Milch und Schnee als etwas Weißes bezeichnen oder Milch und Brötchen der Kategorie Frühstück zuordnen oder Milch und Wein als Getränke zusammenfassen.

Danach finden die Spieler weitere Beispiele.

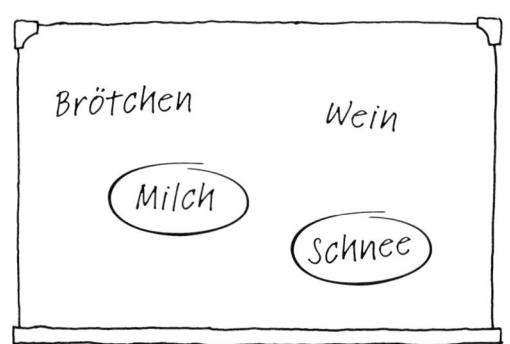

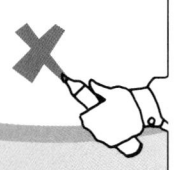

Anders
und doch gleich

........................So geht's........................

Ein Spieler nennt zwei Begriffe, die auf den ersten Blick nichts miteinander zu tun haben, wie etwa *Schuh* und *Tasse*. Die Spieler versuchen nun, so viele Gemeinsamkeiten wie möglich zwischen diesen verschiedenen Dingen zu finden.

Zum Beispiel ➤ *Beides befindet sich in der Wohnung.*
➤ *Man hat gewöhnlich mehr als eines davon.*
➤ *Man muss es regelmäßig säubern.*
➤ *In beides kommt etwas hinein.*

Thema/Lernziel:
Oberbegriffe finden, Gemeinsamkeiten herausfinden

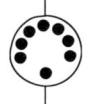

Sozialform:
Plenum

Materialien:
—

Vorbereitung:
—

Dauer:
10 Minuten

Sprachniveau:
Ab Fortgeschrittene

> *In beides kommt etwas hinein.*

> *Beides befindet sich in der Wohnung.*

Sprache(n)
lernen
mit
Methode

83

© Verlag an der Ruhr
Postfach 10 22 51
45422 Mülheim an der Ruhr
www.verlagruhr.de

Vokabel-Spiele

Thema/Lernziel:
Wortfelder wieder-
holen und festigen

Sozialform:
Vierer- oder
Fünfergruppen
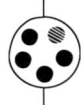

Materialien:
Stoppuhr, zu-
klappbare Tafel

Vorbereitung:
—

Dauer:
10 bis 15 Minuten

Sprachniveau:
Ab Anfänger

Wörter raten

···So geht's ···

Die Gruppe wird in Vierer- oder Fünfergruppen aufgeteilt. Zunächst verlassen drei bzw. vier Mitglieder eines
Teams den Raum. Der vierte bzw. fünfte Spieler geht zur
Tafel und bekommt vom Spielleiter ein Wortfeld genannt,
zum Beispiel *Verkehrsmittel*. Er muss aus diesem Bereich
drei Begriffe auswählen und an die Tafel schreiben, zum
Beispiel *Motorrad*, *Segelboot* und *Straßenbahn*. Dann
wird die Tafel zugeklappt und der Rest der Mannschaft
hereingebeten. Die Spieler stellen sich mit dem Rücken
zur Tafel, die nun wieder geöffnet wird. Innerhalb von 30
Sekunden nennen sie so viele Begriffe des Wortfeldes,
wie ihnen einfallen. Die anderen Spieler im Raum passen
auf, ob die an der Tafel gesuchten Vokabeln dabei waren.
Für jeden Treffer gibt es einen Punkt.

Motorrad
Segelboot
Straßenbahn

**Sprache(n)
lernen
mit
Methode**

84

© Verlag an der Ruhr
Postfach 10 22 51
45422 Mülheim an der Ruhr
www.verlagruhr.de

Outburst

Thema/Lernziel:
Wiederholung von
Wortfeldern

Sozialform:
Zweier- bis Vierer-
gruppen

Materialien:
Stoppuhr, Themen-
karten

Vorbereitung:
Karten mit Ober-
begriffen be-
schriften

Dauer:
10 Minuten

Sprachniveau:
Ab Fortgeschrittene

...... So geht's ......

Die Gruppe wird in gleich große Teams (zwei bis vier Spieler) aufgeteilt. Es sollte allerdings nicht mehr als vier Gruppen geben. Ein Spieler zieht eine Themenkarte und nennt
seiner Mannschaft das Thema. Innerhalb von 30 Sekunden (Stoppuhr!) müssen die Mitspieler so viele Begriffe
wie möglich aus dem betreffenden Themenbereich rufen. Die anderen Spieler im Raum zählen die genannten
Begriffe. Für jedes Wort gibt es einen Punkt. Doppel-
nennungen werden nicht berücksichtigt und Begriffe, die
nicht zum Themenfeld gehören, werden abgezogen. Nach
30 Sekunden ist die nächste Mannschaft an der Reihe
und bearbeitet ein neues Wortfeld.

...... Variationsmöglichkeit ......

Schwieriger, aber übersichtlicher wird es, wenn die Spieler einer Mannschaft nicht alle durcheinander reden dürfen, sondern der Reihe nach je einen Begriff sagen.

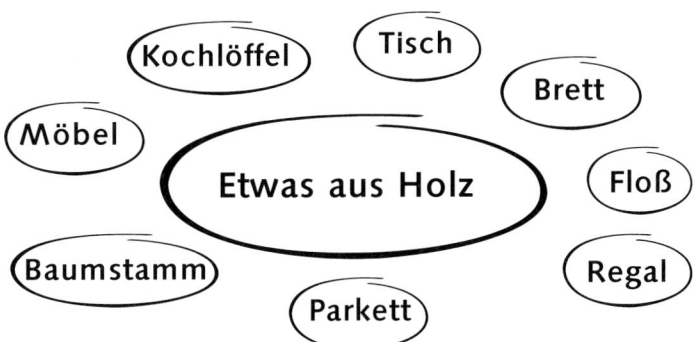

Oberbegriffe finden

Thema/Lernziel:
Wortfelder, Begriffe
umschreiben

Sozialform:
Plenum

Materialien:
Karten mit Begrif-
fen (mindestens so
viele wie Spieler)

Vorbereitung:
Karten mit je fünf
Begriffen zu einem
Oberbegriff
beschriften

Dauer:
15 Minuten

Sprachniveau:
Ab Fortgeschrittene

···So geht's ···

Jeder Spieler bekommt eine Karte, auf der fünf Wörter stehen, die alle zu einem bestimmten Oberbegriff passen.

Zum Beispiel ➤ *Dinge, die braun sind: Baumstamm, Nuss, Maikäfer, Schuhe, Torf*
➤ *Wörter, die auf -n enden: Sinn, Wein, Garten, Leben, Laden*

Jeder Spieler hat ein paar Minuten Zeit, sich zu überlegen, wie er seinen Mitspielern diese Begriffe erklären will. Dann beschreibt ein Spieler nach dem anderem der Gruppe möglichst knapp und präzise seine Vokabeln. Die anderen raten, um was es sich handelt. Wenn alle fünf Wörter genannt worden sind, überlegen die Spieler noch, welches der gemeinsame Oberbegriff ist.

··············· Variationsmöglichkeit ···············

Zwei Spieler kommen nach vorne und stellen sich mit dem Rücken zur Tafel. Dann schreibt der Spielleiter eine Definition an die Tafel, beispielsweise *„Dinge, die nur paarweise vorkommen", „Dinge, die man nicht anfassen kann"* oder *„Dinge, die man im Kühlschrank aufbewahrt".* Die restlichen Spieler der Gruppe versuchen, so viele Begriffe wie möglich zu dieser Vorgabe zu finden. Der Spielleiter schreibt das Genannte an. Nach einigen Minuten wischt der Spielleiter die Definition weg, nur die Begriffe bleiben stehen. Die beiden Spieler drehen sich um und versuchen, anhand dessen die Definition zu rekonstruieren.

Außenseiter-Wort

........................So geht's........................

Die Spieler haben fünf Minuten Zeit, sich Wortfeld-
quartette auszudenken, denen sie ein Wort zufügen, das
zum Thema passt. Die Wörter werden dann im Plenum
vorgelesen und die Mitspieler versuchen, das Außenseiter-
wort herauszufinden.

Thema/Lernziel:
Oberbegriffe
erkennen, Wort-
schatz

Sozialform:
Plenum

Materialien:
—

Vorbereitung:
—

Zum Beispiel ➤ _Mantel_
            ➤ _Pullover_
            ➤ _Jacke_
            ➤ _Hut_
            ➤ _Hemd_

Lösung: **Hut** ist hier der gesuchte Begriff.
               Bei einem Hut handelt es sich nicht
               um Oberbekleidung.

Dauer:
10–15 Minuten

Sprachniveau:
Ab Fortgeschrittene

© Verlag an der Ruhr
Postfach 10 22 51
45422 Mülheim an der Ruhr
www.verlagruhr.de

Überraschungs-kiste

Thema/Lernziel:
Fragen formulieren

Sozialform:
Plenum

Materialien:
Kiste, Inhalt für
die Kiste, z.B. ein
Stofftier, Schlüssel,
Brille

Vorbereitung:
—

Dauer:
5 Minuten je
Runde

Sprachniveau:
Ab Anfänger

·· So geht's ··

Die Spieler müssen durch gezielte Fragen herausfinden,
was sich in der Kiste befindet. Dabei sind nur Fragen erlaubt, die mit Ja oder Nein beantwortet werden können.
Dieses Spiel ist gut als Anfangsritual für jede Unterrichts-
stunde geeignet. Die Spieler können auch selbst Gegenstände für die Kiste mitbringen.

····························· Variationsmöglichkeit ··························

Damit jeder Einzelne mehr Sprechanteile hat, können sich
auch zwei Spieler gegenseitig befragen.

**Sprache(n)
lernen
mit
Methode**

88

Gedächtnistest

······················· **So geht's** ·······················

Zunächst zeigt der Spielleiter der Gruppe eine Minute lang eines der Bilder und gibt dazu den Auftrag, sich das Bild genau anzuschauen. Dann verdeckt er das Bild und stellt Fragen nach folgendem Prinzip: „*Welche Farbe hat …*", „*Trägt die Person, die neben dem Auto steht, eine Brille?*" oder „*Was steht neben dem Sofa?*" Jeder Spieler notiert sich seine Antworten. Nach 12 Fragen zeigt der Spielleiter der Gruppe das Bild erneut und es wird verglichen, wer sich die meisten Details gemerkt hat.

Danach werden die Spieler in zwei Gruppen aufgeteilt und erhalten je ein Bild. (Es sind auch mehr Gruppen möglich, dann braucht man aber entsprechend mehr Bilder.) Jede Gruppe soll nun zwölf Fragen zu ihrem Bild vorbereiten. Danach betrachtet Gruppe A für eine Minute das Bild von Gruppe B. Gruppe B stellt ihre Fragen, die von A beantwortet werden müssen. Für jede richtige Antwort gibt es einen Punkt. Danach zeigt Gruppe B ihr Bild.

······················· **Variationsmöglichkeit** ·······················

Die Bilder werden den Gruppen eine Minute lang gezeigt, dann stellen sich jeweils ein Spieler von Gruppe A und B gegenseitig ihre Fragen. Der Sprechanteil jedes einzelnen Spielers erhöht sich so natürlich.

 **Thema/Lernziel:**
Fragen formulieren und beantworten

 Sozialform:
Zwei Großgruppen

 **Materialien:**
Drei große, farbige Bilder aus Zeitschriften, die relativ viele Details aufweisen; Stoppuhr

 Vorbereitung:
Bilder aus Zeitschriften heraussuchen

 Dauer:
25 Minuten

 Sprachniveau:
Ab Fortgeschrittene

Sprache(n)
lernen
mit
Methode
89

Frage- & Antwort- Spiele

Thema/Lernziel:
Fragen formulieren

Sozialform:
Plenum

Materialien:
Rätselgeschichte

Vorbereitung:
Geeignete
Geschichte
auswählen oder
schreiben

Dauer:
10 bis 15 Minuten

Sprachniveau:
Profis

Rätselgeschichte

.... **So geht's** ....

Der Spielleiter liest den Spielern eine Rätselgeschichte vor, in der eine alltägliche Begebenheit so verfremdet dargestellt wird, dass wirklich alle vor einem Rätsel stehen. Die Spieler versuchen nun durch geschicktes Fragen herauszufinden, was passiert ist. Geantwortet wird nur mit *ja* und *nein*.

Zum Beispiel   ➤ *Sie hatte Tränen in den Augen.*
               ➤ *Das Blut tropfte langsam vor ihr auf den Boden.*
               ➤ *So schnell wie möglich verließ sie den Raum.*

Lösung   *Eine Frau hat sich beim Zwiebelschälen (Tränen) in den Finger geschnitten (Blut) und geht ins Badezimmer, um ein Pflaster zu holen.*

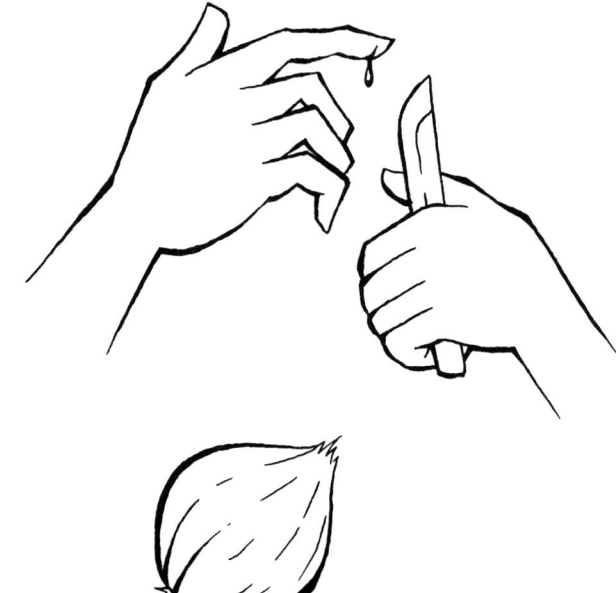

**Sprache(n)
lernen
mit
Methode**

90

© Verlag an der Ruhr
Postfach 10 22 51
45422 Mülheim an der Ruhr
www.verlagruhr.de

Berufe raten

······················· **So geht's** ························

Ein Spieler schreibt eine Berufsbezeichnung, eine bekannte Persönlichkeit oder eine Person aus der Klasse auf einen Zettel. Die Mitspieler müssen erraten, um wen oder was es sich dabei handelt. Der erste Spieler stellt eine Frage dazu, die nur mit *Ja* oder *Nein* beantwortet werden darf.

<u>Zum Beispiel</u> *„Ist es ein Mann?" – „Ja."*
      „Lebt er noch?" – „Ja."
      „Ist er Deutscher?" – „Nein."

Sobald eine Frage mit Nein beantwortet wird, ist der nächste Spieler mit Fragen an der Reihe.

·················· **Variationsmöglichkeiten** ··············

1. Die Spieler bereiten füreinander Klebezettel mit einem Namen oder Beruf vor und kleben sich die Zettel an die Stirn. Jeder muss erfragen, wer oder was er ist. Er darf so lange fragen, bis eine Frage mit Nein beantwortet wird, dann ist ein anderer Spieler an der Reihe.
2. Jeder Spieler heftet einem anderen einen Berufszettel auf den Rücken. Dann gehen die Spieler im Raum umher und stellen einem Mitspieler drei Fragen, um den Beruf zu erraten. Es dürfen wieder nur Entscheidungsfragen gestellt werden, die man mit Ja oder Nein beantworten kann. Nach drei Fragen muss sich jeder an einen anderen Mitspieler wenden, damit so viele Spieler wie möglich miteinander ins Gespräch kommen. Wer seinen Beruf erraten hat, bekommt vom Spielleiter noch einen weiteren Berufszettel.
3. Statt Berufen sollen Tätigkeiten (Verben) erraten werden.

Thema/Lernziel:
Fragen stellen,
Wortfeld „Beruf"

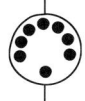

Sozialform:
Plenum

Materialien:
—

Vorbereitung:
—

Dauer:
5 bis 10 Minuten

Sprachniveau:
Ab Fortgeschrittene

Sprache(n)
lernen
mit
Methode

91

© Verlag an der Ruhr
Postfach 10 22 51
45422 Mülheim an der Ruhr
www.verlagruhr.de

Frage-
& Antwort-
Spiele

Thema/Lernziel:
Sich besser kennen
lernen, Fragen
zu persönlichen
Vorlieben
formulieren und
beantworten

Sozialform:
Plenum

Materialien:
Korb oder ähnli-
cher Behälter

Vorbereitung:

Dauer:
20 Minuten

Sprachniveau:
Fortgeschrittene

Am liebsten

....**So geht's** ....

Die Spieler sammeln zunächst Fragen an der Tafel, die
etwas über persönliche Vorlieben bzw. Abneigungen
verraten.

Zum Beispiel ➤ *Was würdest du tun,*
wenn du im Lotto gewinnst?
➤ *Was isst du am liebsten?*
➤ *Welche Persönlichkeit bewunderst*
du warum am meisten?
➤ *Was ist dein Lieblingsbuch?*
➤ *Wo würdest du gern hinreisen?*
➤ *Welches Tier magst du am wenigsten?*
➤ *Welche Eigenschaften müsste dein(e)*
Traummann/-frau haben?

Jeder Spieler sucht sich fünf Fragen aus und schreibt die
Antworten auf einen separaten Zettel. Die Zettel werden
zusammengefaltet und in einen Korb gelegt. Dann zieht
ein Spieler einen Zettel, liest ihn vor, und die anderen
müssen herausfinden, von wem die Antworten stammen.

© Verlag an der Ruhr
Postfach 10 22 51
45422 Mülheim an der Ruhr
www.verlagruhr.de

Frageballon

······································· **So geht's** ·······································

Jeder Spieler bekommt einen Luftballon, den er aufblasen muss. Dann schreibt er eine Frage auf seinen Ballon. Die Frage sollte so formuliert sein, dass man möglichst detailliert antworten kann.

Zum Beispiel ➤ „Wie stellst du dir deinen
Traumurlaub vor?"
➤ „Was würdest du mit 10.000 Euro
machen?"

Wenn alle Spieler ihren Ballon beschriftet haben, stehen sie auf, werfen ihn hoch und fangen jeweils einen anderen Ballon. Jeder Spieler liest sich die darauf stehende Frage durch und denkt kurz darüber nach. Dann beantwortet jeder im Plenum seine Frage so ausführlich wie möglich. Daran kann sich eine Diskussion einzelner Aspekte anschließen.

······························· **Variationsmöglichkeit** ·······························

Statt Fragen können auch kurze Statements wie zum Beispiel _Geld ist das Wichtigste im Leben_ oder _Fleisch essen ist Mord_ auf die Ballons geschrieben werden. Dann muss jeder Spieler Stellung zu dem Statement auf dem gefangenen Ballon beziehen.

Thema/Lernziel:
Freies Sprechen,
Fragen formulieren

Sozialform:
Plenum

Materialien:
So viele Luftballons
wie Spieler, Stifte,
mit denen man die
Ballons beschriften
kann

Vorbereitung:

Dauer:
10 bis 15 Minuten

Sprachniveau:
Ab Fortgeschrittene

**Frage-
& Antwort-
Spiele**

Thema/Lernziel:
Freies Sprechen,
Fragen formulieren

Sozialform:
Plenum

Materialien:
—

Vorbereitung:
—

Dauer:
10 Minuten

Sprachniveau:
Ab Fortgeschrittene

Gesprächsrunde

································So geht's································

Die Spieler sitzen im Kreis. Ein Spieler stellt eine Frage, auf die man leicht eine Antwort finden kann. Dann wählt er jemanden aus, der die Frage beantworten soll und danach die nächste Frage formuliert. Diese muss sich in gewisser Weise auf das bisherige Gespräch beziehen. Die Spieler müssen Überleitungen schaffen, wenn sie das Thema wechseln wollen.

<u>Zum Beispiel</u> ➤ *„Was hast du heute gegessen?"*
　　　　　　　➤ *„Heute habe ich Nudeln mit Broccoli gegessen. Welches Gemüse isst du denn am liebsten?"*
　　　　　　　➤ *„Ich esse am liebsten Spinat. Aber ich bin sowieso Vegetarier. Was denkst du über vegetarische Ernährung?"*

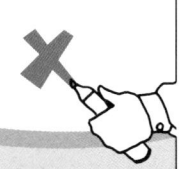

**Sprache(n)
lernen
mit
Methode**

94

Warum? – Weil!

··· So geht's ···

Die Spieler schreiben jeweils auf eine Seite einer Karteikarte eine Warum-Frage und auf die Rückseite eine Antwort, die mit *Weil* beginnt, aber nicht die selbst gestellte
Frage beantwortet. Dann werden die Karten gemischt und
verteilt, sodass jeder Spieler eine Karte erhält. Ein Spieler
liest eine Frage vor und ein anderer liest eine Antwort vor,
die er passend findet. Dabei können sich lustige Sätze
ergeben, etwa: *„Warum regnet es heute?"* – *„Weil ich mein
Auto gewaschen habe."*

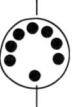

**Frage-
& Antwort-
Spiele**

Thema/Lernziel:
Fragen formulieren,
„Warum-weil-
Konstruktionen"

Sozialform:
Plenum

Materialien:
So viele Karten wie
Spieler

Vorbereitung:
—

Dauer:
10 Minuten

Sprachniveau:
Fortgeschrittene

© Verlag an der Ruhr
Postfach 10 22 51
45422 Mülheim an der Ruhr
www.verlagruhr.de

Wer – Wie – Was?

Thema/Lernziel:
Fragen formulieren
und beantworten,
Rechtschreibung,
freies Sprechen

Sozialform:
Plenum

Materialien:
Kleine Zettel,
Schüssel oder
Körbchen

Vorbereitung:
—

Dauer:
15 bis 20 Minuten

Sprachniveau:
Ab Anfänger

·············So geht's·············

Die Spieler schreiben innerhalb von fünf Minuten so viele Fragen wie möglich einzeln auf kleine Zettel. Jede Frage sollte an einen bestimmten Mitspieler adressiert sein.

Zum Beispiel ➤ „Michaela, was machst du
Montagabend?"
➤ „Jasmin, über welches Geschenk
hast du dich am meisten gefreut?"
➤ „Irina, wann ist dein Geburtstag?"

Der Spielleiter geht herum, korrigiert eventuelle Fehler und sammelt die Zettel in einem Korb. Nun zieht ein Spieler einen Zettel und liest die darauf stehende Frage vor. Wer angesprochen wird, muss die Frage beantworten und darf als nächstes in den Korb greifen.

Sprache(n)
lernen
mit
Methode

96

© Verlag an der Ruhr
Postfach 10 22 51
45422 Mülheim an der Ruhr
www.verlagruhr.de

Stopp, ich habe eine Frage

.... So geht's ....

Eine bestimmte grammatische Struktur, die geübt werden soll, wird vorgegeben, beispielsweise Fragen mit Perfekt („*Hast du schon mal …?*"). Dann stehen die Spieler auf und gehen im Raum umher, solange die Musik spielt. Wenn die Musik aussetzt, suchen sie sich einen Partner und stellen jeweils eine Frage mit dieser vorgegebenen Struktur, die der andere beantworten muss.

Dann geht es weiter mit Musik. Bei der nächsten Unterbrechung sucht sich jeder einen neuen Partner und stellt eine andere Frage.

Hast du schon mal Geld auf der Straße gefunden?

Ja, schon ein paar Mal. Aber nur Münzen.

Thema/Lernziel:
Fragen und Antworten mit unterschiedlichen Gesprächspartnern üben

Sozialform:
Plenum

Materialien:
Musik (am besten aus dem Zielsprachenland), CD-Player

Vorbereitung:
Musik auswählen

Dauer:
10 Minuten

Sprachniveau:
Ab Anfänger

Thema/Lernziel:
Fragen stellen und
beantworten

Sozialform:
Zweiergruppen

Materialien:
Kopie mit einer
Fragenliste für jede
Zweiergruppe (mit
je zehn Fragen auf
der Vorder- und
Rückseite)

Vorbereitung:
Liste mit Fragen
erstellen

Dauer:
10 Minuten

Sprachniveau:
Ab Fortgeschrittene

Verzögerte Antworten

....So geht's ....

Es werden Zweiergruppen gebildet. Jede Gruppe bekommt vom Spielleiter eine Fragenliste. Spieler A stellt Spieler B die zehn Fragen, die auf der Vorderseite des Arbeitsblattes stehen. Die erste Frage beantwortet Spieler B mit *„mmh"*, auf die zweite Frage gibt er die Antwort, die auf die erste Frage gepasst hätte. Die Antworten werden notiert. Dann werden die Rollen getauscht und Spieler B stellt Spieler A die Fragen, die auf der Rückseite des Zettels stehen. Sieger ist die Gruppe, die in der kürzesten Zeit alle Fragen beantwortet hat.

.... Variationsmöglichkeit ....

Vor dem eigentlichen Spielbeginn bereitet jede Gruppe eine Fragenliste für eine andere Gruppe vor. Dadurch bekommt das Spiel auch noch eine schriftliche Komponente, dauert aber natürlich viel länger.

© Verlag an der Ruhr
Postfach 10 22 51
45422 Mülheim an der Ruhr
www.verlagruhr.de

Verbotener Buchstabe

··· So geht's ·······································

Gespielt wird in Dreiergruppen. Ein Spieler stellt dem Zweiten beliebige Fragen. Der Befragte darf bei seinen Antworten einen vorher bestimmten Buchstaben nicht verwenden. Wenn zum Beispiel *a* ausgeschlossen wird, darf er auf die Frage *„Worin badest du?"* nicht *Badewanne* oder *Wasser* antworten, sondern zum Beispiel *Milch*, *See* oder *Fluss.* Der dritte Mitspieler achtet darauf, dass diese Regel eingehalten wird. Sobald der Antwortende einen Fehler macht, werden die Rollen getauscht.

Thema/Lernziel:
Förderung der Konzentrations-
fähigkeit und des Ausdrucks-
vermögens, Fragen formulieren

Sozialform:
Dreiergruppen

Materialien:
—

Vorbereitung:
—

Dauer:
5 bis 10 Minuten

Sprachniveau:
Profis

Sprache(n)
lernen
mit
Methode

99

Thema/Lernziel:
Umgang mit
Gesprächspartnern,
Begrüßungsfloskeln

Sozialform:
Zweiergruppen

Materialien: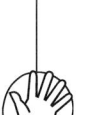
Regieanweisungen
auf Karten (halb so
viele wie Spieler)

Vorbereitung:
Karten mit Regie-
anweisungen
beschriften

Dauer:
45 Minuten

Sprachniveau:
Profis

Begegnungen

......................................**So geht's** ....

Es wird in Zweiergruppen gespielt. Jede Gruppe erhält
eine Regieanweisung.

Zum Beispiel ➤ *Zwei Schüler (14) gehen morgens*
gemeinsam zur Schule.
➤ *Zwei Nachbarn (über 70) treffen*
sich beim Arzt.
➤ *Sohn (6) kommt von der Schule*
nach Hause.
➤ *Peter (18) und Sandra (17) haben*
ihre erste Verabredung miteinander.

Jede Gruppe erarbeitet zu ihrer Regieanweisung ein Standbild, bei dem es vor allem um Mimik und Gestik geht,
sowie einen kurzen Dialog mit ein bis zwei Sätzen pro
Person. Dann wird das Standbild dem Plenum pantomimisch vorgestellt. Die Mitspieler überlegen, welche Situation wohl dargestellt wird. Danach präsentiert die Gruppe den Dialog zu ihrem Standbild.
Wenn alle Standbilder in dieser Form besprochen wurden, können die Kleingruppen ausführlichere Dialoge zu
ihren Miniszenen schreiben und sie später den anderen
vorspielen.

Dialogpantomime

.... So geht's ....

Zunächst bewegen sich alle Spieler zur Musik im Raum. Wenn die Musik stoppt, bleibt jeder stehen und bildet mit dem am nächsten Stehenden ein Paar. Jede Zweiergruppe bekommt eine Karte, die einen Ort bezeichnet, beispielsweise *im Hotel, im Zug* oder *im Sprachkurs.* Die beiden Spieler notieren einen kurzen Dialog, der an diesem Ort spielt und spielen die Szene dem Plenum pantomimisch vor. Die anderen Spieler analysieren sie: Wo spielt sie, wer agiert, um was geht es. Nach den Spekulationen lesen die Verfasser ihren Dialog vor.

Thema/Lernziel:
Situationsbezogene Dialoge

Sozialform:
Zweiergruppen

Materialien:
Musik aus dem Zielsprachenland, CD-Player, Karten mit Ortsangaben

Vorbereitung:
Karten mit Orten beschriften

Dauer:
20 Minuten

Sprachniveau:
Ab Fortgeschrittene

IM HOTEL

IM SUPERMARKT

BEIM ARZT

IM ZUG

IM SPRACHKURS

Kommunikations-Spiele

Thema/Lernziel:
Paare bilden für folgende Übungen, Fragen stellen

Sozialform:
Plenum

Materialien:
Karten mit Namen von berühmten Paaren (so viele wie Spieler), z.B. Romeo und Julia

Vorbereitung:
Namenskarten schreiben

Dauer:
10 Minuten

Sprachniveau:
Anfänger

.... **So geht's** ....

Jeder Spieler bekommt eine Karte mit einem Namen und muss seinen Partner finden. Um die fiktive Identität der Mitspieler zu ermitteln, müssen sich die Spieler gegenseitig Fragen stellen, auf die man nur mit *Ja* oder *Nein* antworten kann. Wenn ein Paar sich gefunden hat, setzt es sich nebeneinander.

> Bist du meine Julia?

> Ja, Romeo!

Sprache(n) lernen mit Methode

102

© Verlag an der Ruhr
Postfach 10 22 51
45422 Mülheim an der Ruhr
www.verlagruhr.de

Finde jemanden, der ...

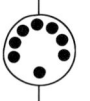

.............................So geht's.............................

Die Spieler bekommen vom Spielleiter jeweils ein bis zwei Karten mit Aufträgen. Jeder soll einen Spieler suchen, der etwas Bestimmtes macht oder eine bestimmte Eigenschaft hat.

Zum Beispiel ➤ *Finde jemanden, der mit dem Fahrrad zum Unterricht kommt.*
➤ *Finde jemanden, der lieber chinesisch als italienisch isst.*

Die Spieler befragen sich gegenseitig, um jemanden zu finden, der diese Bedingung erfüllt.

Thema/Lernziel:
Fragen stellen

Sozialform:
Plenum

Materialien:
Pro Spieler ein bis zwei Karten mit Aufträgen

Vorbereitung:
Karten mit Aufträgen schreiben

Dauer:
10 Minuten

Sprachniveau:
Ab Anfänger

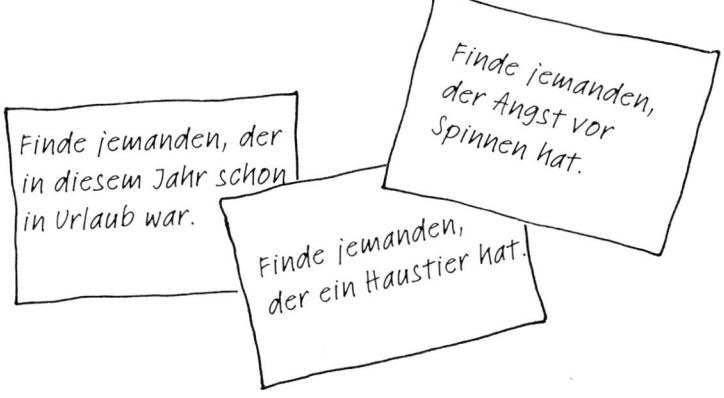

Finde jemanden, der in diesem Jahr schon in Urlaub war.

Finde jemanden, der Angst vor Spinnen hat.

Finde jemanden, der ein Haustier hat.

Finde jemanden, der lieber chinesisch als italienisch isst.

© Verlag an der Ruhr
Postfach 10 22 51
45422 Mülheim an der Ruhr
www.verlagruhr.de

Gemeinsamkeiten herausfinden

Thema/Lernziel:
Vorlieben und
Abneigungen
formulieren, Fragen
stellen

Sozialform:
Zweiergruppen

**Benötigtes
Material:**
Stoppuhr

Vorbereitung:

Dauer:
15 Minuten

Sprachniveau:
Ab Anfänger

................................So geht's ....

Es werden Zweiergruppen gebildet, die in einer vorgegebenen Zeit (drei bis fünf Minuten) mindestens fünf Dinge
herausfinden müssen, die sie gemeinsam und fünf Dinge,
die sie nicht gemeinsam haben. Die Ergebnisse werden
notiert und im Plenum zusammengetragen.

> Ich mag Hunde, esse gerne italienisch,
> wohne in Köln, lese gern Krimis und
> habe ein Fahrrad, und du?

> Hunde mag ich auch, ich esse
> aber lieber beim Griechen,
> wohne in Essen und lese lieber
> Abenteuerromane! Aber ein
> Fahrrad habe ich auch!

Das erste Mal

·····················So geht's·····················

An der Tafel werden ca. 20 Tätigkeiten gesammelt.

Zum Beispiel ➤ *in den Urlaub fahren*
➤ *am Computer arbeiten*
➤ *ein Buch in einer Fremdsprache lesen*
➤ *in einem Hotel schlafen*
➤ *selbst Auto fahren*

Dann werden die Spieler in Zweiergruppen aufgeteilt. In den Gruppen fragen sich die Spieler gegenseitig, wann sie die an der Tafel genannten Tätigkeiten zum ersten Mal ausgeübt haben. Danach wählen sie eines der Themen aus und sprechen ausführlicher darüber. Das Ziel ist, den genauen Verlauf der Handlung, den Zeitraum, die Personenkonstellation etc. zu erfragen. Wenn es also zum Beispiel darum geht, wann jemand zum ersten Mal am Computer gearbeitet hat, sollte in Erfahrung gebracht werden, wo das geschehen ist, was er genau gemacht hat etc.

 Thema/Lernziel:
Fragen stellen und beantworten, Vergangenheitsformen

 Sozialform:
Zweiergruppen

 **Materialien:**
Stoppuhr

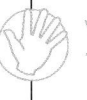 Vorbereitung:
—

 **Dauer:**
30 Minuten

 Sprachniveau:
Ab Fortgeschrittene

— *in Urlaub fahren*
— *am Computer arbeiten*
— *ein Buch in einer Fremdsprache lesen*
— *in einem Hotel schlafen*
— *im Flugzeug fliegen*

**Sprache(n)
lernen
mit
Methode**

105

Wer ist das?

Thema/Lernziel:

Wiederholung der
ersten Grundlagen
nach wenigen
Unterrichtsstunden,
jemanden vorstellen

Sozialform:

Plenum

Materialien:

So viele kleine
Zettel wie Spieler

Vorbereitung:

Dauer:

10 bis 15 Minuten

Sprachniveau:

Anfänger

·· So geht's ···

Es werden bestimmte Aspekte wie Geburtsdatum, Hob-
bys, Lieblingsurlaubsort, Beruf etc. vorgegeben, die jeder
Spieler auf seinen Zettel schreibt. Dann ergänzt er seine
ganz persönlichen Antworten. Der Spielleiter sammelt alle
Zettel ein, mischt sie und lässt einen Spieler ziehen. Dieser stellt die Person vor, die die Karte beschriftet hat.

Zum Beispiel ➤ *Meine Person ist 27 Jahre alt,*
           ➤ *ihre Hobbys sind lesen und kochen,*
           ➤ *sie hat ein Haustier …*

Die anderen Spieler raten, um wen es sich handelt. Die
erratene Person präsentiert dann den nächsten Spieler.

> Geburtsdatum: 1. April 1975
>
> Geburtsort: Essen
>
> Beruf: Journalistin
>
> Hobbys: Lesen, Freunde
> treffen, kochen
>
> Haustier: ja
>
> Lieblingsessen: Fisch
>
> Lieblingsurlaubsort: Kanada

Sprache(n)
lernen
mit
Methode

106

© Verlag an der Ruhr
Postfach 10 22 51
45422 Mülheim an der Ruhr
www.verlagruhr.de

Reise durch ...

·· So geht's ··

Je zwei bis drei Personen spielen miteinander. Die Spieler würfeln immer im Wechsel und setzen ihre Figur auf dem Spielfeld um die Anzahl der gewürfelten Punkte weiter. Wenn ein Spieler auf ein Zahlenfeld kommt, muss er die dazugehörige Aufgabe erfüllen.

Zum Beispiel ➤ _ein Hotelzimmer reservieren_
➤ _bei der Touristeninformation Erkundigungen über Sehenswürdigkeiten einholen_
➤ _Essen bestellen_
➤ _Geld wechseln_

Gewonnen hat derjenige Spieler, der zuerst das (Reise-) Ziel erreicht hat.

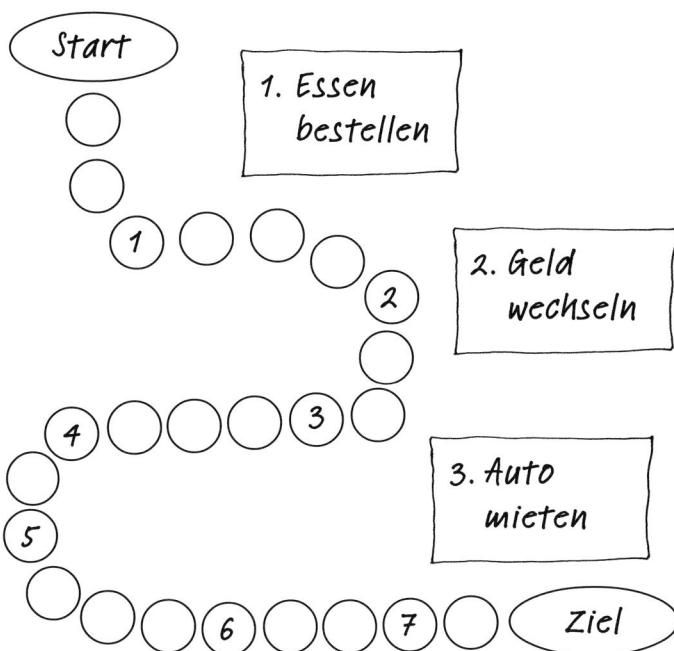

Thema/Lernziel:
Alltagssituationen, bestimmte Wortfelder

Sozialform:
Zweier- oder Dreiergruppen

Materialien:
Spielbögen mit Zahlenfeldern, Spielfiguren, Würfel, Aufgabenblätter

Vorbereitung:
Aufgaben zusammenstellen

Dauer:
20 bis 30 Minuten

Sprachniveau:
Ab Fortgeschrittene

© Verlag an der Ruhr
Postfach 10 22 51
45422 Mülheim an der Ruhr
www.verlagruhr.de

Partyeinladung

Thema/Lernziel:
Einladungen
formulieren, höflich
absagen und
zusagen, Ort und
Zeit vereinbaren

Sozialform:
Plenum

Materialien:
Karten mit
Ablehnungs-
gründen, eine
Partykarte

Vorbereitung:
Karten mit
Ablehnungsgrün-
den beschriften

Dauer:
10 bis 15 Minuten

Sprachniveau:
Anfänger

.... **So geht's** ....

Ein Spieler bekommt die „Partykarte", die besagt, dass er der Einladung nachkommen wird. Alle anderen erhalten Karten mit Ablehnungsgründen. Der Spielleiter lädt einen Spieler aus dem Plenum zu der Party ein. Dieser reagiert nun entsprechend, also mit einer Absage, falls nicht „Party" auf seiner Karte steht. Diese Absage begründet er mit dem Stichwort auf seinem Kärtchen, kann sie aber noch weiter ausschmücken. Der Spielleiter fragt den nächsten, so lange, bis der Spieler mit der „Partykarte" gefunden ist. Dieser bedankt sich für die Einladung und vereinbart Ort und Zeit mit dem Spielleiter. Dann übernimmt er dessen Rolle und die Karten werden neu verteilt.

Sprache(n)
lernen
mit
Methode

108

© Verlag an der Ruhr
Postfach 10 22 51
45422 Mülheim an der Ruhr
www.verlagruhr.de

Sich verabreden

.... **So geht's** ....

Gespielt wird in Zweiergruppen. Beide Spieler erhalten einen ausgefüllten Terminplan. Spieler A soll nun Spieler B fragen, ob er zu einer bestimmten Zeit mit ihm schwimmen, einkaufen, essen o.Ä. geht. Spieler B antwortet gemäß der Vorgaben auf seinem Plan: Entweder er hat Zeit, dann können nähere Einzelheiten verabredet werden, oder er hat keine Zeit. In diesem Fall muss er sagen, warum er verhindert ist und einen Ausweichtermin vorschlagen.

Thema/Lernziel:
Wochentage, Uhrzeiten, sich verabreden

Sozialform:
Zweiergruppen

Materialien:
Terminplan für Spieler A und B

Vorbereitung:
Arbeitsblätter mit zwei unterschiedlich ausgefüllten Wochenübersichten

Dauer:
15 bis 20 Minuten

Sprachniveau:
Fortgeschrittene

MO	Di	Mi	Do	Fr	Sa	So
	8¹⁵ Büro					
			10⁰⁰ Arzt		10⁰⁰ ?	
		11³⁰ Arzt				
13⁰⁰ ?						13³⁰ Inge
14⁰⁰ Mutti						
			16⁰⁰ ?			
		18¹⁵ Schule				
	20³⁰ Ulli	20⁰⁰ ?				

Sprache(n) lernen mit Methode

109

© Verlag an der Ruhr
Postfach 10 22 51
45422 Mülheim an der Ruhr
www.verlagruhr.de

Wo geht's lang?

Thema/Lernziel:
Wegbeschreibun-
gen, Ortsangaben,
Präpositionen

Sozialform:
Zweiergruppen

Materialien:
Stadtpläne mit
eingezeichneten
Sehenswürdig-
keiten

Vorbereitung:
Stadtpläne mit
unterschiedlichen
Informationen
vorbereiten

Dauer:
15 Minuten

Sprachniveau:
Anfänger

.............................**So geht's** ....

Gespielt wird in Zweiergruppen, die sich gegenüber sitzen. Jeder Spieler hat einen Plan, in dem unterschiedliche Dinge (z.B. bestimmte Geschäfte, Kirchen, Museen, Restaurants) markiert sind. Sie fragen einander nun nach dem Weg von einem Ausgangspunkt (da bietet sich die Schule oder der Bahnhof an) zu dem markierten Ort.

.............................**Variationsmöglichkeit**.............................

Statt der vorgefertigten Bögen kann man einen Stadtplan der Stadt, in der man sich befindet, vergrößern und dort bestimmte Dinge markieren. So bekommen die Spieler einen praxisnahen Bezug zur Übung. Für DaF-Unterricht eignet sich dieses Spiel besonders gut, da die Spieler so gleichzeitig den Unterrichtsort näher kennen lernen.

© Verlag an der Ruhr
Postfach 10 22 51
45422 Mülheim an der Ruhr
www.verlagruhr.de

Teekesselchen

.... **So geht's** ....

Immer zwei Spieler denken sich ein Teekesselchen – ein Wort mit zwei verschiedenen Bedeutungen – aus und umschreiben es ihren Mitspielern im Wechsel.

Zum Beispiel Rost und Rost (Grillrost und
Rost an Metallgegenständen).
Die Beschreibung könnte so lauten:
Mein Teekesselchen ist rot. –
Mein Teekesselchen ist immer
aus demselben Material, etc.

Am Anfang sollten die Beschreibungen möglichst vage sein, dann langsam immer konkreter werden. Wer das Teekesselchen erraten hat, kann mit einem Partner das nächste vorstellen.

 **Thema/Lernziel:**
Begriffe beschreiben

 **Sozialform:**
Plenum

 Materialien:
—

 Vorbereitung:
—

 Dauer:
10 Minuten

 Sprachniveau:
Profis

**Sprache(n)
lernen
mit
Methode**

111

© Verlag an der Ruhr
Postfach 10 22 51
45422 Mülheim an der Ruhr
www.verlagruhr.de

Wem gehört das?

·· **So geht's** ··

Jeder Spieler legt einen persönlichen Gegenstand (Haarspange, Geldbörse, Ring etc.) so in einen Korb oder eine Schüssel, dass die anderen nicht sehen können, um was es sich handelt. Dann nimmt ein Spieler einen Gegenstand erneut aus dem Korb und beschreibt ausführlich, wie er aussieht, sich anfühlt, riecht etc. Dabei achtet er darauf, dass die anderen den Gegenstand nicht sehen können.

Die Mitspieler spekulieren nun, um was es sich dabei handelt und wem es gehört: *„Ich nehme an, das gehört …"* oder *„Ich glaube, das gehört …"*
Wenn falsch geraten wurde, muss die Gruppe weiter versuchen, den Eigentümer ausfindig zu machen.

Der Reihe nach

.... **So geht's** ....

Es werden Zweiergruppen gebildet. Spieler A bekommt ein Blatt mit 12 Abbildungen, das er so hält, dass sein Partner es nicht sehen kann. Spieler B erhält insgesamt 24 Einzelbilder, von denen nur die Hälfte mit den Abbildungen des Partners identisch sind. Spieler A beschreibt nun Spieler B das erste Bild auf seinem Arbeitsblatt. Spieler B muss diese aus seinem Bilderstapel herausfinden und sie dem Partner zeigen. Wenn für ihn mehrere in Frage kommen, muss er den Mitspieler um eine genauere Beschreibung bitten. Das Spiel wird spannender und schwieriger, wenn es sich um relativ ähnliche Bilder handelt.

Thema/Lernziel:
Bildbeschreibungen,
evtl. Präpositionen

Sozialform:
Zweiergruppen

Material:
· Pro Zweiergruppe
ein Arbeitsblatt
mit 12 Abbildun-
gen, z.B. von
Personen oder
Gebäuden,
· pro Zweiergruppe
jede dieser Ab-
bildungen einzeln
und 12 weitere,
einzelne Bilder,
die nicht auf dem
Arbeitsblatt abge-
bildet sind

Vorbereitung:
Geeignete Bilder
auswählen und
teilweise aus-
schneiden

Dauer:
15 Minuten

Sprachniveau:
Ab Anfänger

> Auf dem Bild steht eine Kirche mit zwei Kirchtürmen. Neben der Kirche ist ein großer Platz.

> Gibt es auf dem Platz einen Brunnen?

Sprache(n)
lernen
mit
Methode
113

Biografie erfinden

Thema/Lernziel:
Personenbe-
schreibungen,
Charakterisie-
rungen, Biografie

Sozialform:
Plenum

Materialien:
5–10 Postkarten
von Gemälden, auf
denen Personen-
gruppen zu sehen
sind

Vorbereitung:
Geeignete Kunst-
postkarten aus-
wählen

Dauer:
20 Minuten

Sprachniveau:
Ab Fortgeschrittene

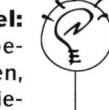

....**So geht's**..

Jeder Spieler sucht sich eine Person aus, die auf einer der
Karten abgebildet ist. Er denkt sich zu dieser Person eine
Biografie aus und stellt einen Zusammenhang mit der auf
der Postkarte dokumentierten Situation her. Beschrieben
werden soll, warum sich diese Person dort befindet, wie
sie sich dabei fühlt, wo sie herkommt, wo sie hingeht etc.
Wer möchte, kann sich stichpunktartig Notizen dazu machen. Dann stellt jeder im Plenum seine Person vor.
Besonders interessant wird es, wenn sich mehrere Spieler
für die gleiche Figur entschieden haben. Man kann dann
darüber diskutieren, welche Biografie und Geschichte wohl
zutreffender ist.

> Diese Frau ist Ärztin
> von Beruf, das erste Mal
> seit langer Zeit im Urlaub
> und hat sich in einen
> Griechen verliebt. Nun ist
> sie von der Familie des
> Griechen ...

**Sprache(n)
lernen
mit
Methode**

114

Garten beschreiben

.............................So geht's.............................

Jeweils eine Zweiergruppe bekommt eine Kopie mit dem Umriss eines Gartens. Die Partner gestalten den Garten nun mit Blumen- und Gemüsebeeten, einem Teich, Hecken, Zäunen, Terrasse etc. Dabei sollten möglichst viele Details eingezeichnet werden. Dann bekommt jede Gruppe eine neue, leere Gartenkopie. Nun beschreiben sich zwei Gruppen gegenseitig ihren Gartenentwurf. Die Angaben werden jeweils in die leere Kopie eingezeichnet. Die Beschreibungen sollten möglichst genau sein.

Zum Beispiel Zwischen C2 und E2 ist ein Teich,
im Süden des Teiches steht ein Baum
und ein Sonnenschirm etc.

Wenn die Beschreibungen abgeschlossen sind, werden Original und Kopie miteinander verglichen.

Thema/Lernziel:
Präpositionen, Pflanzen

Sozialform:
Zweiergruppen

Materialien:
Kopien mit dem Umriss eines großen Gartengrundstücks, das sich in einem Planquadratraster befindet

Vorbereitung:
Grundstücksumriss in Planquadratraster zeichnen

Dauer:
20 bis 30 Minuten

Sprachniveau:
Ab Fortgeschrittene

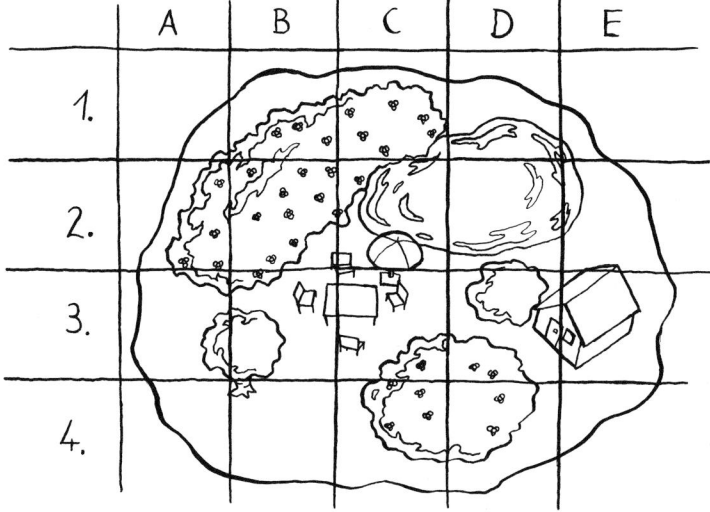

Sprache(n)
lernen
mit
Methode

115

Tabu

Thema/Lernziel:
Wörter erklären

Sozialform:
Zwei Großgruppen

Materialien:
Vorbereitete Karten
mit Begriffen sowie
jeweils drei
Tabuwörtern, die
bei der Erklärung
nicht verwendet
werden dürfen;
Sanduhr

Vorbereitung:
Tabukarten
herstellen

Dauer:
15 bis 20 Minuten

Sprachniveau:
Profis

....So geht's ....

Die Gruppe wird in zwei Teams aufgeteilt. Pro Spielrunde erklärt ein Spieler seiner Mannschaft Begriffe, ohne dabei die Tabuwörter oder den Begriff selbst zu benutzen, die auf seinen Karten angegeben sind. Die Mitspieler seiner Mannschaft müssen sie erraten. Dabei läuft eine Minute lang die Sanduhr. Wenn sie abgelaufen ist, kommt die andere Mannschaft an die Reihe. Für jeden erratenen Begriff bekommt die jeweilige Mannschaft einen Punkt. Wenn der erklärende Spieler eines der Tabuwörter benutzt, wird seiner Mannschaft ein Punkt abgezogen.

Zum Beispiel Erraten werden soll Sonntag,
Tabuwörter könnten hier sein:
Woche, frei, Wochenende.

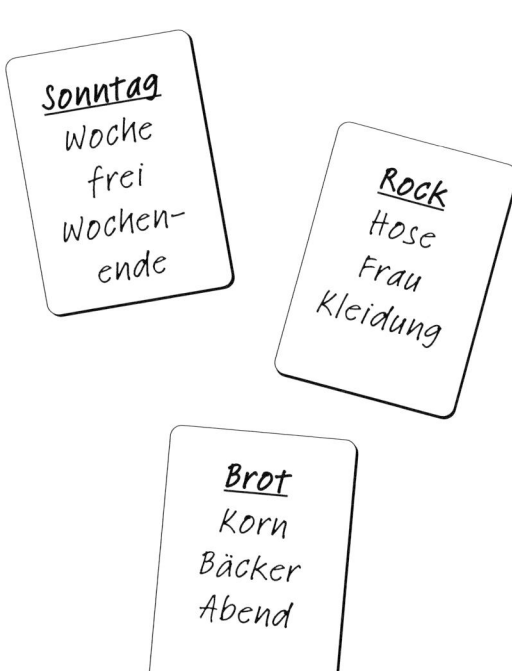

Paarweise Wörter erklären

································· **So geht's** ·································

Die Spieler werden in Vierergruppen aufgeteilt. Spieler A und B bilden ein Team, Spieler C und D das zweite. Jedes Paar bekommt eine Spielfigur. Zunächst erklären A und C gemeinsam einen Begriff, der auf einer Karte steht: Spieler A nennt ein Wort, dann ist Spieler C an der Reihe, immer im Wechsel. Soll zum Beispiel das Wort Buch erklärt werden, könnte eine Erklärungsrunde folgendermaßen ablaufen:

A: *Etwas* C: *zum*, A: *Lesen*, C: *aber*, A: *keine*, C: *Zeitung*

B und D müssen raten. Derjenige, der den Begriff zuerst nennt, rückt auf dem Spielplan die Figur seines Teams ein Feld weiter. Dann erklären B und D den nächsten Begriff.

Thema/Lernziel:
Wörter erklären

Sozialform:
Vierergruppen

Materialien:
Karten mit Wörtern, Spielplan und Figuren

Vorbereitung:
Karten mit Begriffen beschriften

Dauer:
15 bis 20 Minuten

Sprachniveau:
Profis

Tagesablauf erzählen

Thema/Lernziel:
(Reflexiv-)Verben, Tages- und Uhrzeiten

Sozialform:
Einzeln oder Zweiergruppen

Materialien:
Karten mit Zeichnungen des Tagesablaufs

Vorbereitung:
Karten mit Bildern vom Tagesablauf bekleben oder zeichnen

Dauer:
20 Minuten

Sprachniveau:
Anfänger

.... So geht's ....

Ein bis zwei Spieler bekommen jeweils einen Satz Karten und bringen diese in eine sinnvolle Reihenfolge, sodass sich ein Tagesablauf rekonstruieren lässt. Dann denken sich die Spieler eine Geschichte aus, die zu diesen Bildern passt und erzählen sie gemeinsam ihren Mitspielern.

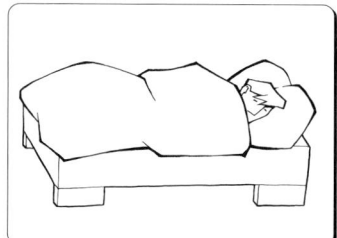

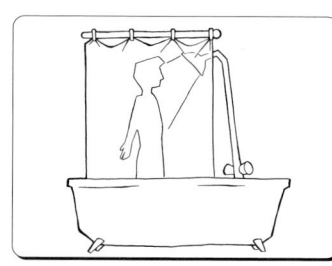

© Verlag an der Ruhr
Postfach 10 22 51
45422 Mülheim an der Ruhr
www.verlagruhr.de

Unser Leben

·············· **So geht's** ··············

An der Wand wird ein großer Zahlenstrahl aufgehängt. Er zeigt die letzten 50 Jahre (bei jüngeren Spielern ist eine kürzere Zeitspanne angebracht). Die Spieler notieren nun in Stichworten auf Klebezetteln wichtige Ereignisse aus ihrem Leben oder aus der Geschichte des Herkunfts- oder Zielsprachenlandes. Dann klebt jeder seine Zettel neben die betreffenden Jahreszahlen. In chronologischer Reihenfolge erzählen die Spieler, was sie mit den jeweiligen Ereignissen verbinden.

Thema/Lernziel:
Vergangenheits-
formen, Sprechen
über Vergangenes

Sozialform:
Plenum

Materialien:
Zahlenstrahl,
kleine Klebezettel
(mindestens zwei
pro Spieler),
Tesafilm

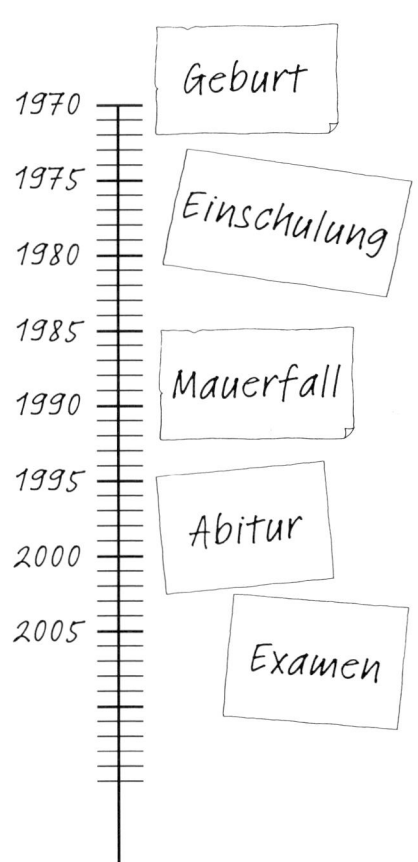

Vorbereitung:
Zahlenstrahl malen

Dauer:
30 bis 40 Minuten

Sprachniveau:
Profis

Sprache(n)
lernen
mit
Methode

119

Bilder-
Geschichte

Thema/Lernziel:
Freies Sprechen
üben

Sozialform:
Plenum

Materialien:
Mindestens so
viele Karten mit
Bildern wie Spieler
(zum Beispiel aus
Zeitschriften oder
Kunstpostkarten)

Vorbereitung:
Geeignete Bilder/
Postkarten aus-
wählen

Dauer:
15 Minuten

Sprachniveau:
Ab Fortgeschrittene

···So geht's ···

Die Spieler stehen um einen Tisch herum, auf dem die
Bilder ausgelegt sind. Ein Spieler nimmt eine Karte und
beginnt eine Geschichte zu erzählen. Die Geschichte muss
einen Bezug zu dem haben, was auf der Karte zu sehen
ist. Der nächste Spieler wählt ein anderes Bild als Anre-
gung und „spinnt" die Geschichte seines Vorgängers weiter. Nach und nach nehmen sich alle Spieler Karten und
führen die Geschichte immer weiter fort.

····························· **Variationsmöglichkeit** ·····························

Zu Beginn bekommt jeder Spieler verdeckt zwei bis drei
Bildkarten, die er in seiner Hand hält. Wenn er meint,
seine Karte sei an einer Stelle passend, legt er sie ab und
„spinnt" die Geschichte weiter.

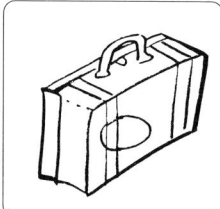

Sprache(n)
lernen
mit
Methode

120

© Verlag an der Ruhr
Postfach 10 22 51
45422 Mülheim an der Ruhr
www.verlagruhr.de

Erzählerwechsel

.... **So geht's** ....

Die Spieler und der Spielleiter sitzen im Kreis. Der Spielleiter beginnt eine Geschichte zu erzählen. Sobald darin ein vorher bestimmtes Schlüsselwort (z.B. *und*) auftaucht, muss der Spieler, der rechts vom Spielleiter sitzt, die Geschichte weitererzählen. Sobald auch er das betreffende Wort *und* benutzt, ist der Nächste mit Erzählen an der Reihe.

Thema/Lernziel:
Geschichte erzählen

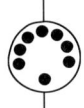

Sozialform:
Plenum

Materialien:
—

Vorbereitung:
—

Dauer:
10 Minuten

Sprachniveau:
Profis

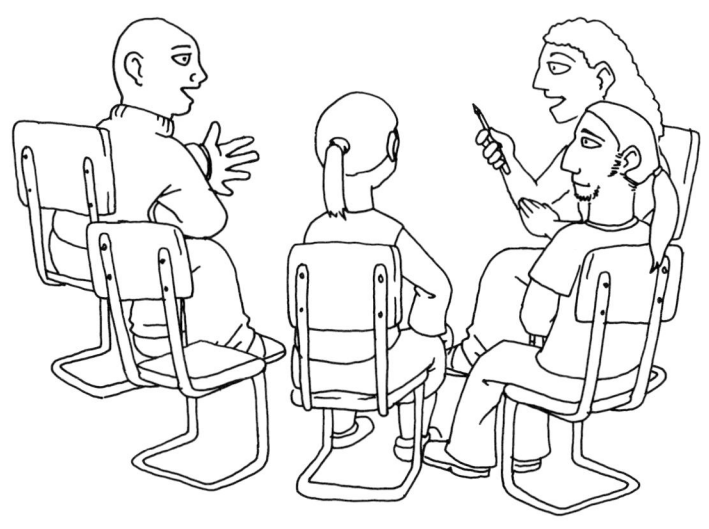

© Verlag an der Ruhr
Postfach 10 22 51
45422 Mülheim an der Ruhr
www.verlagruhr.de

Überraschungs-geschichte

Thema/Lernziel:
Freies Sprechen,
Übung bestimmter
Zeitformen

Sozialform:
Einzeln

Materialien:

Vorbereitung:

Dauer:
10 bis 15 Minuten

Sprachniveau:
Ab Fortgeschrittene

···················· **So geht's** ····························

Die Spieler nennen zehn beliebige Wörter, die vom Spielleiter an die Tafel geschrieben werden. Nachdem sichergestellt wurde, dass alle Spieler diese Wörter verstehen, bekommen sie ein paar Minuten Bedenkzeit, um sich eine kleine Geschichte auszudenken, in der alle diese Begriffe vorkommen. Dann fordert der Spielleiter einen Spieler auf, seine Geschichte zu erzählen.

····················· **Variationsmöglichkeiten** ·····················

1. Durch die Vorgabe eines Adverbs wie z.B. *gestern* muss die Geschichte in der Vergangenheit erzählt werden.
2. Die Spieler können die Geschichte auch aufschreiben, was natürlich mehr Zeit erfordert.

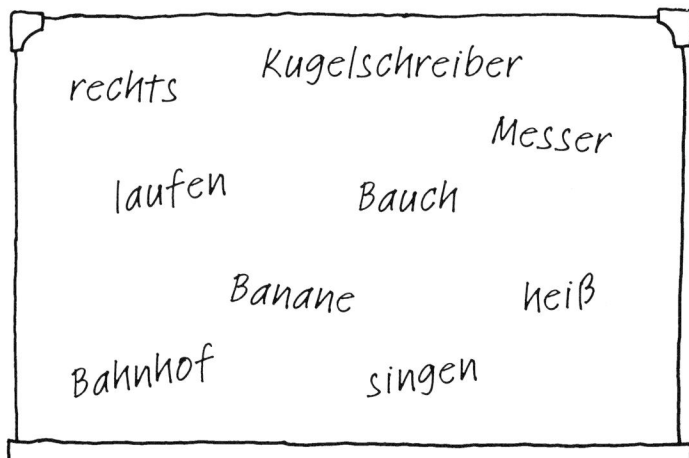

Würfelgeschichte

.... So geht's ....

Jeder Spieler notiert die Zahlen eins bis sechs und dahinter jeweils ein Verb. Der Spielleiter beginnt nun eine Geschichte zu erzählen und zeigt dann auf jemanden, der weiter reden soll. Dazu würfelt dieser einmal und benutzt in seiner Geschichte das erwürfelte Verb. Danach bestimmt er jemanden, der die Geschichte „weiterspinnt".

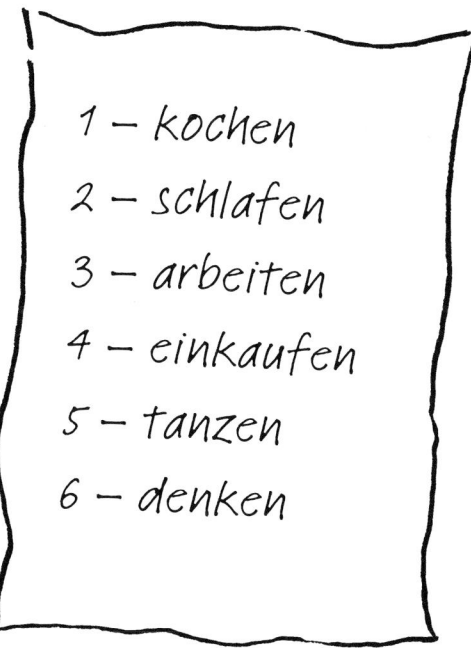

1 – kochen

2 – schlafen

3 – arbeiten

4 – einkaufen

5 – tanzen

6 – denken

Thema/Lernziel:
Geschichten erzählen

Sozialform:
Plenum

Materialien:
Pro Spieler ein Würfel

Vorbereitung:
—

Dauer:
10 bis 15 Minuten

Sprachniveau:
Profis

Sprache(n)
lernen
mit
Methode

123

© Verlag an der Ruhr
Postfach 10 22 51
45422 Mülheim an der Ruhr
www.verlagruhr.de

Erzählstraße

Sozialform:
Plenum

Materialien:
Viele Fotos oder
Bildkarten mit
unterschiedlichen
Motiven, Würfel,
Spielfigur

Vorbereitung:
Geeignete Bilder
oder Fotos aus-
wählen

Dauer:
10 Minuten

Sprachniveau:
Profis

.... **So geht's** ....

Die Karten werden in einer langen Reihe auf dem Tisch
ausgelegt. Ein Spieler beginnt zu würfeln und setzt die
Spielfigur auf das betreffende Bild. Er beginnt eine Geschichte zu erzählen, die mit den auf dem Bild gezeigten
Gegenständen/Situationen zu tun hat. Dann würfelt der
nächste Spieler und rückt entsprechend der Augenzahl
auf ein neues Bild vor. Dieses muss er mit dem bislang
Erzählten verknüpfen.

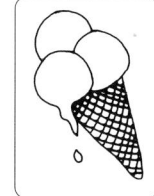
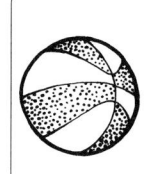
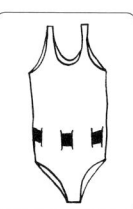

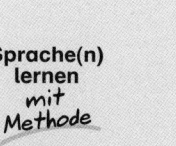

Pressekonferenz

························· **So geht's** ·························

Zunächst werden die Materialien gemeinsam erarbeitet und das entsprechende Vokabular wird zusammengestellt. Dann bekommen die Spieler ihre Rollen zugewiesen.

Zum Beispiel _Das Thema lautet:_
„Pro und Contra Flughafenausbau".
Dazu denkbare Rollen wären:
➤ _Vertreter eines Umweltverbandes_
➤ _Anwohner_
➤ _Politiker_
➤ _Sprecher der IHK_
➤ _Pressesprecher einer Fluggesellschaft_

Die übrigen Spieler besuchen die Pressekonferenz als Journalisten, müssen die Diskussion beobachten und Zwischenfragen stellen. Zu Beginn der Pressekonferenz kommen die Experten zu Wort und haben die Gelegenheit, innerhalb weniger Minuten kurze Statements zu ihrer Position abzugeben. Dann stellen die Journalisten (kritische) Fragen, auf die die Experten antworten. Ein sprachlich versierter Spieler moderiert die Pressekonferenz und greift ein, wenn das Gespräch stockend verläuft. Im Anschluss daran können die Journalisten Interviews mit den beteiligten Personen machen oder Berichte zu dem Thema schreiben.

Thema/Lernziel:
Argumentieren, Diskutieren

Sozialform:
Plenum

Materialien:
Verschiedene Texte, Statistiken, Graphiken etc., die ein kontroverses Thema von unterschiedlichen Seiten beleuchten

Vorbereitung:
Material zum Thema zusammenstellen

Dauer:
45 bis 90 Minuten

Sprachniveau:
Profis

Sprache(n) lernen mit Methode

125

© Verlag an der Ruhr
Postfach 10 22 51
45422 Mülheim an der Ruhr
www.verlagruhr.de

Mein Bild von Deutschland

Thema/Lernziel:
Landeskunde, Thematisieren nationaler Stereotypen

Sozialform:
Plenum

Materialien:
Plakate (so viele wie Spieler oder Gruppen), bunte Stifte, Klebeband

Vorbereitung:

Dauer:
30 Minuten

Sprachniveau:
Profis

·············· So geht's ··············

Jeder Spieler (oder jede Zweiergruppe) malt auf ein Plakat, was er mit dem Zielsprachenland verbindet, z.B. *bestimmte Lebensmittel, Sehenswürdigkeiten, Kleidung usw.* Dann werden die Plakate alle nebeneinander an die Wand gehängt. Jeder Spieler stellt sein Plakat kurz vor und man kann vergleichen, welche Unterschiede und Gemeinsamkeiten es in der Wahrnehmung gibt. Daran kann sich eine Diskussion über die unterschiedlichen Beobachtungen und nationale Stereotypen anschließen.

> Mit Deutschland verbinde ich schlechtes Wetter, Bier, Lederhosen, die Alpen und Würstchen!

> Bei Deutschland denke ich an Gartenzwerge und das Brandenburger Tor!

© Verlag an der Ruhr
Postfach 10 22 51
45422 Mülheim an der Ruhr
www.verlagruhr.de

Werbeagentur

···················· **So geht's** ····················

Die Spieler bekommen als „Mitarbeiter" einer Werbea-
gentur die Aufgabe, eine Anzeige für ein bestimmtes Pro-
dukt, z.B. Pralinen, zu entwerfen und einen Slogan dafür
zu texten. Dazu können sie sich passende Bilder aus Zeitschriften aussuchen oder auch selbst etwas zeichnen. Es
kann in Gruppen oder auch einzeln gearbeitet werden.
Wenn alle fertig sind, werden die verschiedenen Entwürfe im Plenum präsentiert, diskutiert und bewertet. Gemeinsam wird überlegt, welche Zielgruppe sich durch die jeweiligen Anzeigen ansprechen lässt.

Thema/Lernziel:
Urteile, Meinungen
begründen

Sozialform:
Einzeln oder
Gruppen

Materialien:
Ein Stapel alter
Zeitschriften in der
Zielsprache, große
Bögen Papier,
bunte Stifte

Vorbereitung:
—

Dauer:
45 Minuten

Sprachniveau:
Profis

Sweety

Jeden Tag ein Genuss!

Sprache(n)
lernen
mit
Methode

127

Traumhaus

Thema/Lernziel:
Vorschläge ma-
chen, zustimmen,
ablehnen, Wortfeld
Haus, Präpositionen

Sozialform:
Dreier- oder
Vierergruppen

Materialien:
Große Bögen
Papier, farbige
Stifte

Vorbereitung:
—

Dauer:
45 Minuten

Sprachniveau:
Profis

················So geht's················

Gruppen von je drei oder vier „Architekten" bekommen den Auftrag, ein Traumhaus für einen Multimillionär zu entwerfen. Sie müssen sich in der Gruppe auf Lage, Auf-teilung, Bauweise etc. einigen und ein Modell zeichnen. Nach einer Planungszeit von ca. 30 Minuten stellen die einzelnen Gruppen ihre Entwürfe vor.

Anschließend kann man im Plenum darüber diskutieren, für welche Zielgruppe welches Haus am besten geeignet ist, bzw. wo wer am liebsten leben würde. Auch ein Ver-gleich mit der aktuellen Wohnsituation kann sich daran anschließen.

Multifunktional

·············· So geht's ··············

Die Spieler werden in Vierer- oder Fünfergruppen aufgeteilt. Jede Gruppe erhält Papier und Eddings (oder Folien
und Folienschreiber). Jede Gruppe soll nun überlegen,
wozu ein Marmeladenglas noch dienen kann, außer zur
Aufbewahrung von haltbaren Lebensmitteln.

Die Spieler zeichnen ihre Entwürfe auf Folien oder Flip-
charts und stellen sie dann im Plenum vor. Denkbare Ide-
en wären beispielsweise: Blumentopf, Stiftständer, Musik-
instrument.

Am Ende kann abgestimmt werden, welche Gruppe die
witzigste Idee gehabt hat.

Thema/Lernziel:
Vorschläge ma-
chen, Ideen
entwickeln,
präsentieren

Sozialform:
Vierer- oder
Fünfergruppen

Materialien:
Flipchart, Edding
oder Folien,
Folienschreiber

Vorbereitung:
—

Dauer:
30 Minuten

Sprachniveau:
Profis

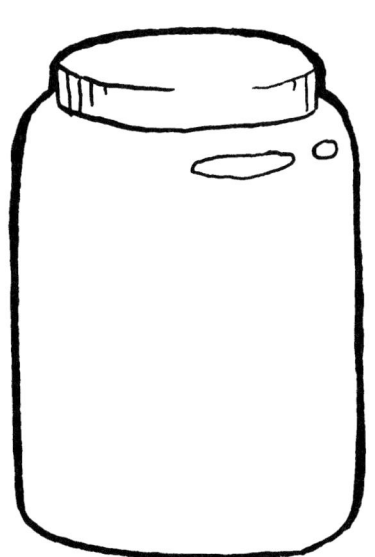

Sprache(n)
lernen
mit
Methode
129

© Verlag an der Ruhr
Postfach 10 22 51
45422 Mülheim an der Ruhr
www.verlagruhr.de

Thema/Lernziel:
Verkaufsgespräch,
Mengenangaben

Sozialform:
Plenum

Materialien:
Karten mit
Abbildungen oder
Gegenstände,
vorbereitete
Einkaufszettel

Vorbereitung:
Gegenstände
mitbringen oder
Karten mit
entsprechenden
Bildern bekleben

Dauer:
20 Minuten

Sprachniveau:
Fortgeschrittene

Einkaufen

····································So geht's····································

Die Hälfte der Gruppe wird zu Ladeninhabern. Sie sitzen an Einzeltischen, die im ganzen Raum verteilt sind. Vor ihnen liegen Warenkarten bzw. Gegenstände, die mit Preisen ausgezeichnet sind. Die andere Hälfte der Spieler bekommt vom Spielleiter jeweils einen Einkaufszettel ausgehändigt, auf dem verschiedene Dinge notiert sind, die „gekauft" werden sollen. Die „Käufer" gehen herum und versuchen, ihre Einkäufe möglichst preisgünstig zu erledigen. In der zweiten Spielrunde werden dann die Rollen getauscht.

····················· Variationsmöglichkeit ·····················

Man kann das Spiel auf einen bestimmten Warenbereich, z.B. Drogerieartikel oder Schreibwaren beschränken.

10 Eier
Waschpulver
Tomaten (500g)
250g Käse
Salat
1l Milch
1 Tüte Chips
1 Tafel Schokolade

Im Restaurant

.... **So geht's** ....

Zunächst wird der Raum so weit wie möglich zu einem Restaurant umfunktioniert. Die Spieler sitzen an Vierer- oder Zweiertischen. Auf den Tischen liegen Tischdecken, das Licht ist aus, stattdessen sorgen Kerzen für gemütliche Beleuchtung. Im Hintergrund läuft leise Musik. Ein sprachlich sicherer Spieler oder der Spielleiter übernimmt die Rolle des Kellners, bringt die Speisekarten und nimmt die Bestellungen auf. Die Spieler finden auf ihren Plätzen Zettel mit bestimmten Vorgaben, so isst jemand kein Fleisch, keine Zwiebeln oder möchte ein Gericht mit wenig Fett. Das schafft Sprechanlässe, die über das normale Bestellen hinausgehen. Beim Bedienen zeigt sich der Ober schlampig, mal vergisst er einen Löffel, dann fehlt ein Messer, er bringt roten statt weißen Wein etc. Die Gäste müssen entsprechend reagieren. Damit es ein lebendiges Tischgespräch gibt, kann man jeder Gruppe Vorgaben machen.

Zum Beispiel ➤ *Eine Gruppe Freunde, die sich lange nicht gesehen haben. Bei jedem ist etwas passiert, was er den anderen erzählen will. Jemand hat einen neuen Job, wird Vater, hat eine neue Freundin, will umziehen, plant eine lange Reise etc.*
➤ *Jeder Spieler einer Tischgruppe bekommt eine bestimmte Rolle in der Familie zugewiesen, also Kinder, Vater, Oma, Mutter, Opa etc. und muss sich entsprechend dieser Rolle an der Unterhaltung beteiligen.*

Thema/Lernziel:
Redewendungen im Restaurant, freies Sprechen

Sozialform:
Plenum

Materialien:
(Plastik-)Besteck, Teller, Gläser, Servietten, Tablett, Kerzen, Speisekarten, Tischdecken, Schürze für den „Kellner", Hintergrundmusik, vorbereitete Rollenkarten

Vorbereitung:
Speisekarte schreiben, Rollenkarten beschriften

Dauer:
20 bis 30 Minuten

Sprachniveau:
Ab Fortgeschrittene

Sprache(n) lernen mit Methode

131

Rollen- Spiele

Thema/Lernziel:
Freies Sprechen,
Verabredungen
treffen

Sozialform:
Plenum

Materialien:
Veranstaltungs-
programme

Vorbereitung:

Dauer:
20 bis 30 Minuten

Sprachniveau:
Ab Fortgeschrittene

Wochenende

Bei diesem Rollenspiel wird die ganze Gruppe einbezogen. Es handelt sich dabei um Freunde, die sich für das Wochenende verabreden wollen. Zwei Spieler beginnen ein Gespräch, um sich zu verabreden. Danach rufen sie andere „Freunde" an, ob sie mitkommen wollen. Manche sagen zu, andere sagen ab, weil sie keine Zeit oder keine Lust haben, manche wollen später nachkommen. Es werden Treffpunkte und Uhrzeiten vereinbart und man spricht ab, was genau unternommen wird. Um das zu planen, blättern die Spieler in den Programmheften und „rufen" bei Kinos, Theatern, Discos etc. an, um sich über Eintrittspreise und den genauen Veranstaltungsverlauf zu informieren. Am Ende „trifft" sich die Gruppe zum Beispiel vor dem Kino und „kauft" Karten für den Film, Getränke, Popcorn.

© Verlag an der Ruhr
Postfach 10 22 51
45422 Mülheim an der Ruhr
www.verlagruhr.de

Dolmetscher

························· **So geht's** ·························

Bei diesem Rollenspiel stehen drei Spieler vor der Gruppe: Ein Tourist, der im Zielsprachenland zu Gast ist, aber die Sprache nicht beherrscht, ein Einheimischer, der wiederum die Sprache des Touristen nicht spricht sowie ein Dolmetscher, der beider Sprachen mächtig ist. Der Tourist wendet sich in seiner Muttersprache an den Einheimischen, um sich nach dem Weg zu erkundigen, nach Öffnungszeiten, Verkaufspreisen oder Ähnlichem zu fragen. Der Dolmetscher übersetzt die Frage und auch die Antworten des Einheimischen. Dabei muss nicht Wort für Wort, sondern sinngemäß übersetzt werden.

Thema/Lernziel:
Informationen
einholen, Über-
setzen

Sozialform:
Plenum

Materialien:
____

Vorbereitung:
____

Dauer:
5 bis 10 Minuten

Sprachniveau:
Ab Fortgeschrittene

Wo kann ich Eintrittskarten für das Theater kaufen?

Mi scusi signore, ma dove si può comprare i biglietti per il teatro?

La biglietteria si trova all' ingresso del teatro.

Sprache(n)
lernen
mit
Methode

133

Kettendialog

Thema/Lernziel:
Alltägliche Gesprächssituationen (Restaurant, Arztbesuch etc.)

Sozialform:
Gruppen mit maximal fünf Spielern

Materialien:
So viele Plakate wie Gruppen

Vorbereitung:
—

Dauer:
20 Minuten

Sprachniveau:
Ab Fortgeschrittene

·· **So geht's** ··

Eine Kommunikationssituation, z.B. ein Restaurantbesuch, wird vorgegeben. Bei einer sehr großen Anzahl von Spielern sollten zwei oder auch mehr Gruppen gebildet werden (pro Gruppe maximal 5 Spieler). Jeder Spieler schreibt auf seinen Zettel eine Redewendung, die das Thema einleitet. Dann gibt jeder seinen Zettel an seinen rechten Nachbarn weiter, der einen passenden Antwortsatz ergänzt.

Zum Beispiel ➤ *„Guten Abend, haben Sie einen Tisch für zwei Personen?"* – *„Ja, am Fenster ist noch ein Tisch frei."*

➤ *„Hallo, was darf es für euch sein?"* – *„Kannst du uns bitte die Karte bringen?"*

Dann wandert der Zettel weiter zum nächsten Spieler. Alle sind somit gleichzeitig beschäftigt und müssen für die nun entstehenden unterschiedlichen Gesprächssituationen die passenden sprachlichen Reaktionsmöglichkeiten finden. Am Ende sollte auf jedem Zettel eine in sich abgeschlossene Gesprächssituation stehen. Zum Abschluss werden die verschiedenen Varianten vorgelesen und der Spielleiter kann Fehler oder neue Vokabeln an der Tafel erläutern.

···························· **Variationsmöglichkeit** ····························

Die Gruppen lesen zum Schluss alle ihre Texte und wählen einen aus. Sie korrigieren mit Hilfe des Spielleiters die Fehler und schreiben den Dialog auf ein Plakat. Hinterher werden diese Dialoge im Plenum vorgelesen.

Mini-Maxi

Je zwei Spieler bekommen einen Zettel mit Dialogbruch-stücken.

Zum Beispiel ➤ A: Dienstag
　　　　　　　➤ B: Sport
　　　　　　　➤ A: Kino
　　　　　　　➤ B: abholen
　　　　　　　➤ A: Restaurant
　　　　　　　➤ B: freuen

Diese einzelnen Wörter ergänzen sie zu einem kurzen Dialog, der dem Plenum dann von den zwei Spielern vor-gespielt wird.

Thema/Lernziel:
Dialoge schreiben

Sozialform:
Zweiergruppen

Materialien:
Zettel mit Dialog-bruchstücken

Vorbereitung:
Dialogbruchstücke ausdenken

Dauer:
15 Minuten

Sprachniveau:
Ab Fortgeschrittene

Am Dienstagabend gehe ich zum Italiener. Hast du Lust mitzukommen?

Ja, sehr gern. Ich bin aber bis halb acht beim Sport!

© Verlag an der Ruhr
Postfach 10 22 51
45422 Mülheim an der Ruhr
www.verlagruhr.de

Die richtigen Worte

Thema/Lernziel:
Dialoge zu bestimmten Situationen schreiben, Vermutungen äußern

Sozialform:
Zweiergruppen

Materialien:
Zehn Fotos, die Menschen in verschiedenen Gesprächssituationen zeigen

Vorbereitung:
Geeignete Fotos auswählen

Dauer:
20 Minuten

Sprachniveau:
Ab Fortgeschrittene

···················· **So geht's** ····················

Die Spieler arbeiten paarweise und suchen sich jeweils ein Foto aus. Sie schreiben einen kurzen Dialog, der zu der abgebildeten Situation passen sollte. Die Zweiergruppen dürfen nicht wissen, welche Gruppe welches Foto ausgesucht hat. Es ist also möglich, dass mehrere dasselbe Foto wählen. Nach ca. zehn Minuten lesen die Paare ihre Dialoge mit verteilten Rollen vor, und die Mitspieler raten, welches Foto dazu gehört.

© Verlag an der Ruhr
Postfach 10 22 51
45422 Mülheim an der Ruhr
www.verlagruhr.de

Gedichte schreiben

·············· So geht's ··············

Jeder Spieler schreibt einen beliebigen einzeiligen Satz auf einen Zettel. Das letzte Wort des Satzes schreibt er eine Zeile tiefer als den Rest. Dann knickt jeder das Papier so um, dass der nächste Spieler nur noch das eine Wort, nicht aber den übrigen Satz lesen kann.

Jedes Blatt wandert einen Spieler weiter nach rechts. Dieser muss nun einen neuen Satz aufschreiben, dessen letztes Wort sich auf dieses Wort reimt. Auch er muss dabei das letzte Wort seines Satzes eine Zeile tiefer schreiben und das Blatt an den nächsten Mitspieler weitergeben. Nachdem drei bis vier Mitspieler einen Satz ergänzt haben, werden die „Gedichte" vorgelesen.

Thema/Lernziel:
Reimen,
Wortspiele

Sozialform:
Plenum

Materialien:
—

Vorbereitung:
—

Dauer:
10 Minuten

Sprachniveau:
Profis

Um 12 Uhr ist die Schule
aus.

Am Fluss da spielen Jan und
Klaus.

Aus Pappe bauen wir ein
Haus.

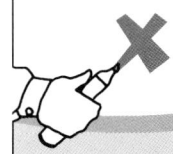

**Sprache(n)
lernen
mit
Methode**

137

© Verlag an der Ruhr
Postfach 10 22 51
45422 Mülheim an der Ruhr
www.verlagruhr.de

Hinter der Schlagzeile

Thema/Lernziel:
Textproduktion

Sozialform:
Einzeln

Materialien:
Alte Zeitungen und
Zeitschriften in der
Zielsprache,
Schere, Klebestifte

Vorbereitung:
—

Dauer:
45 Minuten

Sprachniveau:
Profis

....So geht's..

Die Spieler schneiden aus den Zeitschriften jeweils zwei bis drei geeignete Überschriften aus und kleben sie auf DIN-A4-Zettel. Alle Überschriften werden im Plenum erläutert, damit jeder versteht, um was es geht. Dann sucht sich jeder Spieler eine Überschrift aus, zu der er eine passende Geschichte schreibt. Anschließend werden die Geschichten vorgelesen.

Schönheitskönigin verrät ihre besten Tricks

Polizei ratlos – Dieb übernachtete im Museum

Sensationell – 20 Tage hitzefrei für deutsche Schüler

© Verlag an der Ruhr
Postfach 10 22 51
45422 Mülheim an der Ruhr
www.verlagruhr.de

Geschichte mit Sprichwörtern

......................So geht's......................

Zunächst werden an der Tafel Sprichwörter gesammelt und ihre Bedeutungen geklärt. Dann sucht sich jeder Spieler ein Sprichwort aus und schreibt eine Geschichte, um es zu erläutern. Die Geschichte wird vorgelesen und die anderen Spieler raten, um welches Sprichwort es sich handelt.

> Morgenstund hat
> Gold im Mund
>
> Wer A sagt, muss
> auch B sagen
>
> Man soll den Tag
> nicht vor dem
> Abend loben
>
> Gut Ding
> braucht Weile

Thema/Lernziel:
Geschichte schreiben, Sprichwörter kennen lernen und benutzen

Sozialform:
Einzeln

Materialien:
—

Vorbereitung:
—

Dauer:
30 Minuten

Sprachniveau:
Profis

Sprache(n)
lernen
mit
Methode

139

Überraschende Bildergeschichte

Thema/Lernziel:
Textproduktion

Sozialform:
Kleingruppen

Materialien: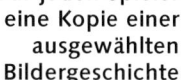
Für jeden Spieler
eine Kopie einer
ausgewählten
Bildergeschichte

Vorbereitung:
Ausgewählte
Bildergeschichte
kopieren, dabei
Schlüsselszene
weglassen

Dauer:
20 bis 30 Minuten

Sprachniveau:
Ab Fortgeschrittene

....So geht's ....

Jeder Spieler erhält die Kopie einer Bildergeschichte. In Kleingruppen erzählen die Spieler die Geschichte nach und versuchen, das fehlende Bild zu rekonstruieren bzw. einen passenden Abschluss für die Geschichte zu finden. Was sie sich ausgedacht haben, scheiben sie auf. Abschließend werden die Texte im Plenum vorgelesen.

.... Variationsmöglichkeit ....

Die Geschichten werden nicht aufgeschrieben, sondern im Plenum vorgetragen.

Sprache(n)
lernen
mit
Methode

140

Comic texten

.... **So geht's** ....

Jeder Spieler oder jede Gruppe bekommt eine Comic-
vorlage und denkt sich einen passenden Text für die noch
leeren Sprechblasen aus. Die verschiedenen Varianten werden anschließend mit verteilten Rollen vorgelesen. Dann
bekommen die Spieler den Originaltext und können ihre
eigenen Fassungen damit vergleichen.

Thema/Lernziel:
Comic schreiben

Sozialform:
Einzeln

Materialien:
Kopie eines Comics
(ein bis zwei
DIN-A4-Seiten)
mit übermalten
Sprechblasen,
Originalcomic

Vorbereitung:
Sprechblasen des
Comics mit Tipp-Ex
übermalen.

Dauer:
20 Minuten

Sprachniveau:
Ab Fortgeschrittene

Sprache(n)
lernen
mit
Methode

141

© Verlag an der Ruhr
Postfach 10 22 51
45422 Mülheim an der Ruhr
www.verlagruhr.de

Keine offenen Fragen mehr

Thema/Lernziel:
Textproduktion

Sozialform:
Einzeln

Materialien:
Kopie mit zehn
Verständnisfragen
wie sie üblicher-
weise bei Lese-
texten gestellt
werden

Vorbereitung:
Arbeitsblatt mit
Verständnisfragen
vorbereiten
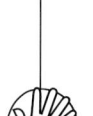

Dauer:
30 Minuten

Sprachniveau:
Ab Fortgeschrittene

...............................So geht's...............................

Der Spielleiter verteilt ein Arbeitsblatt mit zehn Verständnisfragen nach dem unten stehenden Muster. Die Spieler sollen nun einen Text schreiben, der sich auf diese Fragen
bezieht und alle beantwortet. Die fertigen Texte werden
vorgelesen.

Zum Beispiel
1. Warum kam Sabine am Sonntag zu spät zum Bahnhof?
2. Wie fühlte sich Robert, als er in Leipzig ankam?
3. Warum hat Robert seinen Computer mitgenommen?
4. Wie reagiert der Taxifahrer, als Robert einsteigen will?
5. Was wäre passiert, wenn Sabine Robert noch getroffen hätte?
6. Warum nimmt Robert die Straßenbahn Nr. 404?
7. Wer ist die blonde Frau, die ihn vor seiner Haustür anspricht?
8. In seiner Wohnung hat sich etwas verändert. Was ist nicht mehr so wie vorher und warum?
9. Was hat Robert am nächsten Abend um 20 Uhr vor?
10. Welchen Titel würdest du dieser Geschichte geben?

.... **Variationsmöglichkeit** ....

Die Spieler arbeiten in Dreier- oder Vierergruppen und
einigen sich gemeinsam auf eine Geschichte, die sie danach im Plenum erzählen. Hierbei steht die Kommunikation in der Gruppe im Vordergrund.

© Verlag an der Ruhr
Postfach 10 22 51
45422 Mülheim an der Ruhr
www.verlagruhr.de

Krimi

.... **So geht's** ....

Es werden Dreier- oder Vierergruppen gebildet. Jede Gruppe bekommt eine Kopie der Bilder-Kriminalgeschichte. Auf dieser Grundlage schreibt die Gruppe einen Krimi, der am Schluss den anderen vorgestellt wird.

.... **Variationsmöglichkeit** ....

Jede Gruppe kann die Geschichte aus der Sicht einer anderen Person erzählen (z.B. erster und zweiter Gangster, Zeugin, Polizist etc.).

 Thema/Lernziel:
Textproduktion

 Sozialform:
Dreier- oder
Vierergruppen

 **Materialien:**
Krimi-Bilder-
geschichte

 Vorbereitung:
Geeignete Bilder-
geschichte aus-
wählen

 Dauer:
45 Minuten

 Sprachniveau:
Profis

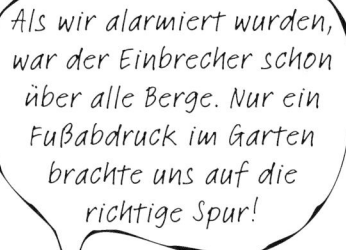

Als wir alarmiert wurden, war der Einbrecher schon über alle Berge. Nur ein Fußabdruck im Garten brachte uns auf die richtige Spur!

Als ich am Haus war, ging plötzlich die Alarmanlage los und ich musste ohne Beute fliehen...

Ich habe den Lärm gehört und einen Mann wegrennen sehen!

Sprache(n)
lernen
mit
Methode

143

© Verlag an der Ruhr
Postfach 10 22 51
45422 Mülheim an der Ruhr
www.verlagruhr.de

Zeitungs-ABC

Thema/Lernziel:
Textproduktion

Sozialform:
Einzeln

Materialien:
Verschiedene
Zeitungen, Text-
marker

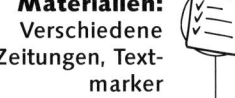

Vorbereitung:

Dauer:
45 Minuten

Sprachniveau:
Ab Fortgeschrittene

....So geht's ....

Jeder Spieler bekommt einige Zeitungsseiten und markiert zu jedem Buchstaben des Alphabets ein Wort, das mit dem entsprechenden Buchstaben beginnt (ohne X, Y). Die Reihenfolge der Wörter sollte dem Alphabet entsprechen. Nun muss jeder aus den markierten Wörtern eine Geschichte schreiben, die am Ende vorgelesen wird.

Sprache(n)
lernen
mit
Methode

144

Duftgeschichten

·········· **So geht's** ··········

Der Spielleiter bereitet sechs bis acht Duftgläser vor. Die Spieler verbinden währenddessen ihre Augen und schnuppern der Reihe nach an den Gläsern. Dann räumt der Spielleiter die Gläser weg. Die Spieler nehmen die Tücher ab und beginnen Geschichten zu schreiben, in denen die gerade erlebten Düfte eine Rolle spielen. Dabei können sie sich ihrer Erinnerung bedienen und aufschreiben, welche Erlebnisse und Erfahrungen sie damit verbinden. Am Ende werden einige Geschichten vorgelesen.

Thema/Lernziel:
Textproduktion

Sozialform:
Einzeln

Materialien:
Verschließbare Gläser, in denen sich Gegenstände mit intensiven, unterschiedlichen Düften befinden (z.B. Kaffee, Kakao, Zitrone, Kräuter, Blüten, Gewürze), Tücher zum Verbinden der Augen

Vorbereitung:
Gläser füllen

Dauer:
20 bis 30 Minuten

Sprachniveau:
Profis

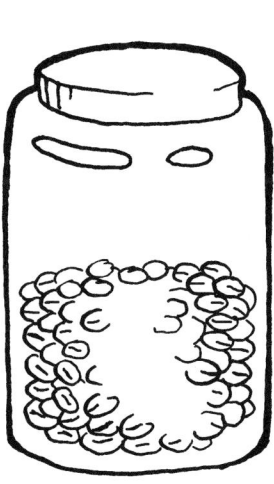

Sprache(n)
lernen
mit
Methode

145

Geräusch-assoziation

Thema/Lernziel:
Textproduktion

Sozialform:
Einzeln

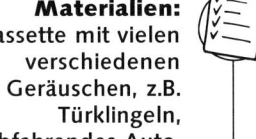

Materialien:
Kassette mit vielen
verschiedenen
Geräuschen, z.B.
Türklingeln,
abfahrendes Auto,
Fußtrappeln

Vorbereitung:
Kassette mit
Geräuschen
aufnehmen

Dauer:
20 bis 30 Minuten

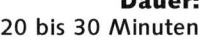

Sprachniveau:
Profis

................................So geht's................................

Die Spieler hören eine Kassette mit verschiedenen Geräuschen und erfinden Geschichten dazu. Einige Geschichten werden am Ende vorgelesen.

> Als Peter die Straße entlangging, hörte er ein schepperndes Geräusch. Er ging in den Garten und sah einen Einbrecher in das Haus einsteigen. Er hatte das Fenster eingeschlagen. Peter überlegte. Was sollte er tun?

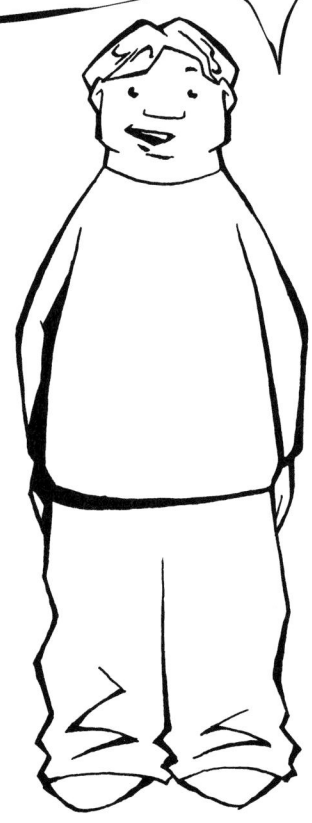

Sprache(n)
lernen
mit
Methode

146

Meinungsmacher

Schreib-Spiele

........................**So geht's**..........................

Die Fotos werden nebeneinander an die Wand gehängt. Jeder Spieler bekommt so viele Klebezettel, wie Bilder an der Wand hängen. Aufgabe ist, zu jedem Foto eine entsprechende Überschrift bzw. Bildzeile zu finden. Wenn die Spieler fertig sind, klebt jeder seine Überschriften unter die Fotos. Dann lesen die Spieler die Überschriften ihrer Mitspieler. Wahrscheinlich werden sie feststellen, dass ein und dieselbe Abbildung von verschiedenen Menschen ganz unterschiedlich interpretiert wird. Daran kann sich ein Gespräch über unterschiedliche Wahrnehmung und Manipulierbarkeit durch Bildtexte anschließen.

Thema/Lernziel:
Prägnantes Formulieren

Sozialform:
Einzeln

Materialien:
Viele Fotos zu unterschiedlichen Themen, Klebezettel

Vorbereitung:
Geeignete Fotos auswählen

Dauer:
20 bis 30 Minuten (hängt von der Menge der Fotos ab)

Sprachniveau:
Profis

Kaffee – Genuss pur

Kaffeebars liegen im Trend

Koffein – Schuld an vielen Krankheiten

© Verlag an der Ruhr
Postfach 10 22 51
45422 Mülheim an der Ruhr
www.verlagruhr.de

Thema/Lernziel:
Beschreibung einer
Zeichnung

Sozialform:
Plenum
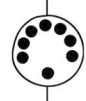

Materialien:

Vorbereitung:

Dauer:
15 Minuten

Sprachniveau:
Ab Fortgeschrittene

Kettenspaß

······· **So geht's** ·······

Jeder Spieler zeichnet etwas an den oberen Rand seines
Blattes (eine Szene, Landschaft, nicht nur einen einzelnen
Gegenstand). Die Zeichnung muss so beschaffen sein, dass
er sie selbst auch sprachlich beschreiben könnte. Dann
gibt der Spieler das Blatt an seinen rechten Nachbarn
weiter. Dieser schaut sich die Zeichnung an und notiert
eine kurze Beschreibung dessen, was dort zu sehen ist,
unter dem Bild. Er knickt die Zeichnung nun ab und reicht
das Blatt wieder weiter. Sein Nachbar muss zu dieser Beschreibung eine Zeichnung anfertigen. Dieser Vorgang
wiederholt sich, bis die Spieler am unteren Rand des Blattes angekommen sind. Am Ende werden die Blätter
auseinander gefaltet und man kann sich über viele Miss-
verständnisse amüsieren.

© Verlag an der Ruhr
Postfach 10 22 51
45422 Mülheim an der Ruhr
www.verlagruhr.de

Lückendiktat

.... So geht's ....

Der Spielleiter diktiert den Spielern ein paar Sätze, die eine Situation einleiten.

Zum Beispiel _„Es ist 7 Uhr und noch dunkel draußen._
Peter und seine Eltern sitzen in der
Küche und frühstücken.
Auf dem Tisch stehen …"

Nun ergänzt jeder Spieler, was auf dem Tisch steht. Dann wird weiter diktiert, und die Spieler fügen je nach Lücke einzelne Worte, Sätze oder Dialoge hinzu.
Zum Schluss tauscht jeder seinen Text mit dem Nachbarn und versucht, dessen Fehler zu korrigieren. Einige Texte werden abschließend vorgelesen.

Thema/Lernziel:
Text sinnvoll ergänzen, Rechtschreibung, Hörverstehen

Sozialform:
Einzeln

Materialien:
Text, der Ergänzungen erlaubt

Vorbereitung:
Entsprechenden Text schreiben

Dauer:
20 bis 25 Minuten

Sprachniveau:
Ab Fortgeschrittene

Sprache(n)
lernen
mit
Methode

149

© Verlag an der Ruhr
Postfach 10 22 51
45422 Mülheim an der Ruhr
www.verlagruhr.de

Ohne Punkt und Komma

Thema/Lernziel:
Zeichensetzung, Groß- und Klein-schreibung, Leseverständnis

Sozialform:
Einzeln

Materialien:
Folie mit Endlos-text, Overheadpro-jektor

Vorbereitung:
Endlostext erstellen

Dauer:
10 Minuten

Sprachniveau:
Ab Anfänger

....**So geht's**..

Auf den Overheadprojektor wird ein in Großbuchstaben ohne Zeichensetzung und Wortzwischenräume geschrie-bener Text gelegt. Ein Spieler versucht, den Text laut vor-zulesen. Dann schreiben alle den Text mit korrekter Or-thographie und Zeichensetzung auf. Wer als erster den Text richtig aufgeschrieben hat, hat gewonnen.

...........................**Variationsmöglichkeit**...........................

Jeder Spieler bekommt eine Kopie des Endlostextes und hat selbst die Möglichkeit, seinen Text zu entschlüsseln.

DIESISTEINENDLOSTEXTOHNE
PUNKTUNDKOMMAERISTSICHE
RLICHFÜRVIELELEUTESCHWER
ZUENTZIFFERNABERWENNMAN
GENAUGUCKTWIRDESGELINGEN

W-Würfel

·········· **So geht's** ··········

Jeder Augenzahl des Würfels ist eine W-Frage (*z.B. Wer?, Wie?, Was?, Warum?, Wo?, Wann?, Weshalb?, Woher?*) zugeordnet. Ein Spieler beginnt zu würfeln und stellt einem beliebigen Mitspieler eine Frage zum vorliegenden Text, die mit dem seiner gewürfelten Zahl entsprechenden Fragepronomen beginnt. Sein Mitspieler antwortet, würfelt und formuliert dann die nächste Frage.

• wer	⦂ was	⁙ wo
⦂ wie	⦂⦂ warum	⦂⦂ wann

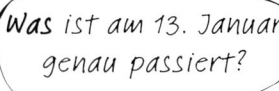

> **Warum** hat Vera es nicht geschafft rechtzeitig in der Schule zu sein?

> **Was** ist am 13. Januar genau passiert?

Thema/Lernziel:
Formulieren von Fragen, Textverständnis

Sozialform:
Plenum

Materialien:
Würfel, bereits bekannter Text (z.B. aus dem Lehrbuch)

Vorbereitung:
Geeigneten Text auswählen

Dauer:
15 Minuten

Sprachniveau:
Ab Fortgeschrittene

© Verlag an der Ruhr
Postfach 10 22 51
45422 Mülheim an der Ruhr
www.verlagruhr.de

Fragen zum Text

Thema/Lernziel:
Textverständnis,
Fragen formulieren

Sozialform:
Plenum

Materialien:
Längerer Text

Vorbereitung:
Geeigneten Text
auswählen

Dauer:
30 Minuten

Sprachniveau:
Ab Fortgeschrittene

·· So geht's ··

Zunächst lesen alle Spieler den Text. Unbekannte Wörter werden geklärt. Dann formuliert jeder Spieler mindestens eine Frage zum Text, beispielsweise zur Handlung oder Personenkonstellation. Ein Spieler stellt die erste Frage. Ein anderer beantwortet die Frage und liest dann seine Frage vor.

Warum haben Christian und Marion sich in der Stadt getroffen?

Textpuzzle

.... **So geht's** ....

Je zwei Spieler erhalten einen in Einzelsätze zerschnittenen Text und müssen versuchen, die Textteile in die richtige Reihenfolge zu bringen. Zur Kontrolle bekommt jede Gruppe am Ende eine Kopie des kompletten Ausgangstextes.

Thema/Lernziel:
Leseverständnis

Sozialform:
Zweiergruppen

Materialien:
Text (Dialog), der in einzelne Sätze oder Abschnitte zerschnitten ist; Kopie des Originaltextes für jeden Spieler zur Lösungskontrolle

| Ich möchte zahlen. |

| Haben Sie einen Tisch für zwei Personen? |

| Auf Wiedersehen. |

| Ich kann Ihnen heute frischen Fisch empfehlen. |

| Der Rest ist für Sie. |

| Guten Abend! |

| Was möchten Sie trinken? |

| Haben Sie schon gewählt? |

Vorbereitung:
Text in einzelne Sätze zerschneiden

Dauer:
10 bis 15 Minuten

Sprachniveau:
Ab Anfänger

Gemischte Gefühle

Thema/Lernziel
Aussprache,
Intonation

Sozialform:
Plenum

Materialien:
Geeigneter Lesetext
oder Dialog, Karten
mit Gefühlen

Vorbereitung:
Text auswählen,
Gefühlskarten
schreiben

Dauer:
10 Minuten

Sprachniveau:
Ab Fortgeschrittene

....So geht's ....

Zunächst bekommt jeder Spieler eine Kopie des Textes und liest ihn still für sich durch. Dann werden unbekannte Vokabeln geklärt und der Spielleiter liest den Text einmal vor. Nun lesen einzelne Spieler den Text vor. Dazu verteilt der Spielleiter Karten, die mit verschiedenen Gefühlen beschriftet sind, beispielsweise Müdigkeit oder Euphorie. Der betreffende Spieler muss beim Vorlesen versuchen, diese Stimmung zu vermitteln. Die Zuhörer raten, welches Gefühl gespielt wurde.

© Verlag an der Ruhr
Postfach 10 22 51
45422 Mülheim an der Ruhr
www.verlagruhr.de

Richtig oder falsch

.... So geht's ....

Die Spieler werden in drei Gruppen aufgeteilt. Der Spielleiter liest den Gruppen A, B, C nacheinander einen kurzen Text vor, der viele Zahlenangaben enthält. Jede Gruppe hört den gleichen Text, allerdings werden unterschiedliche Zahlen genannt. Je zwei Gruppen hören die gleichen Zahlenangaben, eine Gruppe andere. Die Spieler notieren alle Zahlen. Dann werden drei neue Gruppen mit jeweils gleich vielen Spielern aus den Gruppen A, B und C gebildet. Die Spieler rekonstruieren gemeinsam das Gehörte und setzen die richtigen Zahlen ein. Korrekt sind natürlich die Zahlen, die von zwei Spielern aufgeschrieben wurden.

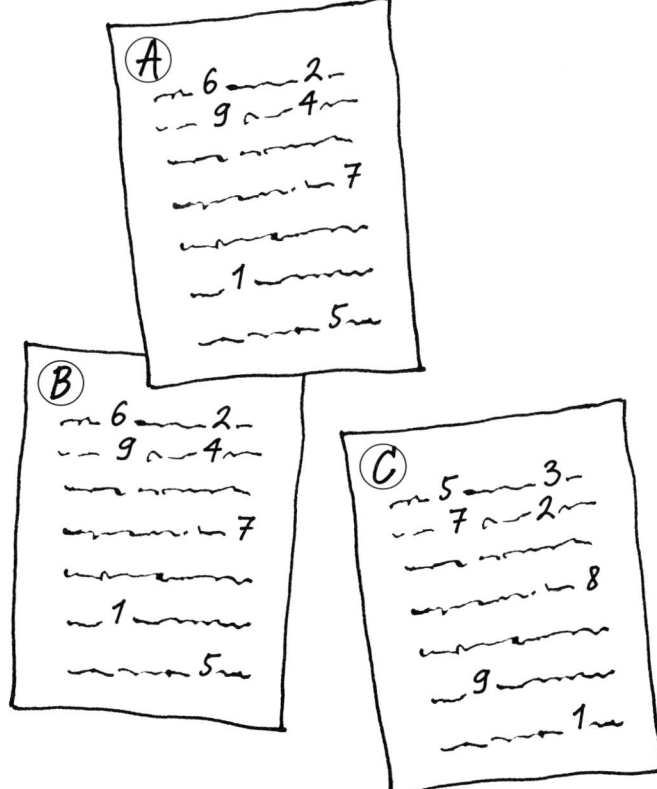

 Thema/Lernziel:
Hörverständnis,
Zahlen

 Sozialform:
Drei Gruppen

 **Materialien:**
Kurzer Text mit
vielen Zahlenangaben in zwei
verschiedenen
Versionen

Vorbereitung:
Zwei Versionen des
Textes erstellen

 Dauer:
10 bis 15 Minuten

 Sprachniveau:
Anfänger

Sprache(n)
lernen
mit
Methode

155

Wortfinder

Thema/Lernziel:
Kursorisches Lesen,
Hörverständnis

Sozialform:
Plenum

Materialien:
Lesetext (max. 25
Zeilen) mit Zeilen-
angaben, Kopien
des Textes für alle
Spieler

Vorbereitung:
Geeigneten Text
auswählen, Zeilen
nummerieren

Dauer:
5 Minuten

Sprachniveau:
Ab Fortgeschrittene

·· **So geht's** ··

Die Spieler bekommen ca. zwei Minuten Zeit, den Text zu
überfliegen. Der Spielleiter liest drei willkürlich gewählte
Zeilen aus dem Text vor, später nur noch einzelne Wörter.
Die Spieler sollen das Gehörte wiederholen und die Zeile
angeben, in der sich die betreffende Textstelle befindet.
Wer die betreffenden Zeilen zuerst findet, bekommt einen
Punkt. Der Spielleiter hält den Punktestand an der Tafel
fest.

Lautquartett

.... So geht's ....

Die Spieler werden in Vierer- oder Fünfergruppen aufgeteilt. Jede Gruppe erhält ein Quartett mit acht bis zehn
Kartensätzen zu je vier Karten. Jeweils vier Wörter, in denen der gleiche Laut vorkommt, bilden ein Quartett,
beispielsweise *Maus, Laus, Haus, Raus*.

Die Karten werden gemischt und ausgeteilt. Jeder Spieler
versucht, so viele Quartette wie möglich zu erspielen, indem er seine Mitspieler nach einer bestimmten Karte fragt.
Wenn der Gefragte diese besitzt, muss er sie abgeben
und der erste Spieler darf weiterfragen. Wenn der Gefragte die Karte nicht hat, darf er selbst einen Mitspieler fragen. Gewonnen hat der Spieler, der die meisten Quartette gesammelt hat.

Thema/Lernziel:
Rechtschreibung,
Lauterkennung

Sozialform:
Vierer- oder
Fünfergruppen

Materialien:
Quartettspiel mit
Wörtern, von
denen jeweils vier
die gleiche Laut-
kombination
aufweisen

Vorbereitung:
Quartettspiel
herstellen

Dauer:
20 bis 25 Minuten

Sprachniveau:
Anfänger

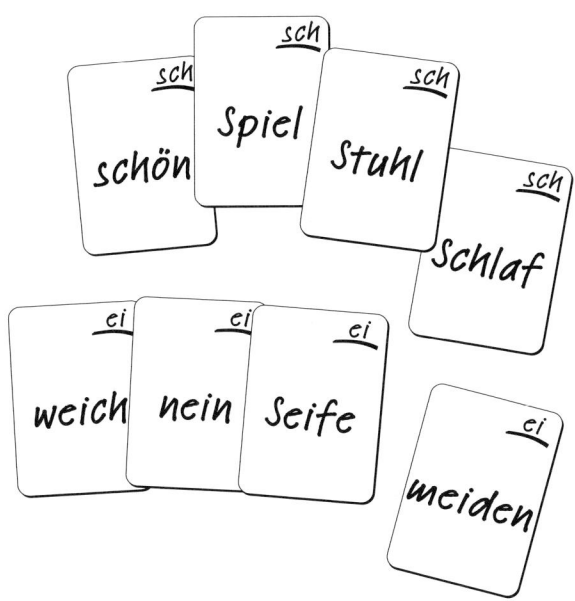

Sprache(n)
lernen
mit
Methode

157

© Verlag an der Ruhr
Postfach 10 22 51
45422 Mülheim an der Ruhr
www.verlagruhr.de

Liedstreifen

Thema/Lernziel:
Hörverstehen,
selektives Zuhören

Sozialform:
Plenum

Materialien:
Geeignetes Lied,
Papierstreifen mit
Liedtext

Vorbereitung:
Textzeilen des
Liedes in deutlicher
Schrift auf einzelne
Papierstreifen
schreiben

Dauer:
10 bis 15 Minuten

Sprachniveau:
Ab Anfänger

································So geht's································

Jeder Spieler bekommt mehrere Papierstreifen mit Teilen des Liedtextes. Die Spieler stehen alle gemeinsam an einem Tisch und müssen nun versuchen, ihre Textstreifen beim Hören der Musik in der richtigen Reihenfolge auf den Tisch zu legen. Das Lied wird so oft vorgespielt, bis jeder seinen Textstreifen einsortiert hat. Danach können die Spieler beim nochmaligen Hören überprüfen, ob sie alles richtig verstanden haben und gegebenenfalls die Reihenfolge der Streifen austauschen. Zum Schluss können die Spieler den Text vorlesen oder mitsingen.

HAST DU ETWAS ZEIT FÜR MICH

DANN SINGE ICH EIN LIED FÜR DICH

VON 99 LUFTBALLONS

AUF IHREM WEG ZUM HORIZONT

Querdenker

···················· **So geht's** ····················

Es gibt einen Stapel mit Karten, auf denen bestimmte Begriffe durch zehn Hinweise beschrieben werden.

Zum Beispiel _Der zu erratende Begriff ist_ <u>_Bier_</u>.
Auf der Karte steht:
1. Ich bin flüssig.
2. Du kannst mich mitnehmen.
3. Ich kann hell oder dunkel sein.
4. Zuviel von mir ist ungesund.
_5. …_

Um den Begriff zu erraten, nennen die Spieler abwechselnd eine Nummer zwischen 1 und 10. Der Spielleiter oder ein Spieler liest den entsprechenden Hinweis vor. Wer den Begriff nach zwei Hinweisen errät, bekommt 8 Punkte, nach drei Hinweisen gibt es 7 Punkte etc. Auf das Konto des Vorlesers werden dann 2 bzw. 3 Punkte gutgeschrieben.
Die Spielkarten können entweder vom Spielleiter vorbereitet oder gruppenweise im Unterricht gestaltet werden. Dann wird das Spiel später in verschiedenen Teams gespielt.

Thema/Lernziel:
Hörverständnis,
Informationen
kombinieren

Sozialform:
Plenum

Materialien:
Karten, auf denen
ein Begriff mit zehn
Sätzen umschrieben wird

Vorbereitung:
Karten mit bis zu
zehn Hinweisen zu
Begriffen beschriften. Es sollte eine
Mischung aus
konkreten und
weniger konkreten
Hinweisen sein.

Dauer:
30 Minuten

Sprachniveau:
Profis

1. Ich bin flüssig.
2. Du kannst mich mitnehmen.
3. Ich kann hell oder dunkel sein.
4. Zuviel von mir ist ungesund.
5. Mönche gebrauchten mich früher oft.
6. Ich kann löschen.
7. Ich bin unterschiedlich verpackt.
8. Ich bin international.
9. Die meisten Männer mögen mich.
10. Für Kinder bin ich verboten.

Sprache(n)
lernen
mit
Methode

155

© Verlag an der Ruhr
Postfach 10 22 51
45422 Mülheim an der Ruhr
www.verlagruhr.de

Grammatik-
Spiele

Eckenraten

Thema/Lernziel:
Wiederholung (z.B.
Vergangenheits-
formen, Artikel,
bestimmte Rede-
wendungen)

Sozialform:
Plenum

Materialien:
—

Vorbereitung:
—

Dauer:
5 bis 10 Minuten

Sprachniveau:
Ab Anfänger

....**So geht's**..

Die Spieler stehen alle in einer Ecke des Raumes. Der Spielleiter stellt eine Aufgabe, z.B. „*Wie heißt das Partizip Perfekt von laufen?*". Wer zuerst die richtige Antwort nennt, darf eine Ecke weiter gehen. Der Spielleiter stellt weitere Fragen. Sieger ist, wer seine Ausgangsecke zuerst wieder erreicht hat.

.... **Variationsmöglichkeit**.............................

Das Eckenprinzip lässt sich auch für ein Kennenlernspiel anwenden: Der Spielleiter fragt z. B. „*Was machst du am liebsten in deiner Freizeit?*" und gibt vier Antwort-alternativen vor: Ecke 1: *Fernsehen*, Ecke 2: *Sport*, Ecke 3: *Kochen*, Ecke 4: *Kultur*. Wer sich für keine Antwort-alternative entscheiden kann, bleibt in der Mitte des Rau-mes stehen, alle anderen begeben sich in die Ecke mit der von ihnen bevorzugten Antwort. Dann stellt der Spiel-leiter die nächste Frage.

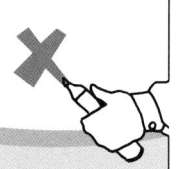

Sprache(n)
lernen
mit
Methode

160

© Verlag an der Ruhr
Postfach 10 22 51
45422 Mülheim an der Ruhr
www.verlagruhr.de

Grammatikfix

······················· **So geht's** ·······················

Die Spieler werden in Zweier- oder Dreiergruppen aufgeteilt. Jede Gruppe erhält einen leeren Spielplan und schreibt
für eine andere Gruppe gut lesbar Zahlen und Fragen oder
Begriffe in die einzelnen Felder. Dann bekommt jede Gruppe den fertig ausgefüllten Spielplan einer anderen Gruppe.
Jetzt wird gewürfelt. Wer beim Würfeln auf ein beschrifte-
tes Feld kommt, muss je nach Vorgabe eine Aufgabe erfüllen, zum Beispiel einen Begriff definieren, das Gegenteil
von etwas nennen etc. Besonders kommunikativ ist, wenn
Fragen formuliert werden, die der Mitspieler beantworten
muss. Wer als Erster das Ziel erreicht, hat gewonnen.

·················· **Variationsmöglichkeit** ··················

Um die zahlreichen Runden zu vermeiden, bei denen nie-
mand auf ein Aufgabenfeld gelangt, kann man die Zahlen-
felder bunt anmalen und dazu passende Aufgabenkarten
schreiben.

Zum Beispiel *Ein grünes Feld bedeutet, dass Verben in*
die Vergangenheit gesetzt werden sollen.
Dazu werden die grünen Karten mit
Verben beschriftet. Auf blauen Karten
stehen Substantive, denen der richtige
Artikel zugeordnet werden soll.
Karten zu den roten Feldern könnten
Anweisungen enthalten, die in den
Spielverlauf eingreifen, also etwa
„Einmal aussetzen", „Noch einmal würfeln"
oder „Drei Felder zurückgehen".

Thema/Lernziel:
Grammatikalische
Strukturen, z.B.
Fragestellung oder
Vergangenheits-
formen

Sozialform:
Zweier- oder
Dreiergruppen

Materialien:
Spielplan mit
Zahlen- und
Blankofeldern für
jede Gruppe,
Würfel, für jeden
Spieler eine
Spielfigur, evtl.
Aufgabenkarten zu
den Zahlenfeldern

Vorbereitung:
evtl. Aufgaben-
karten erstellen

Dauer:
15–20 Minuten

Sprachniveau:
Ab Anfänger

Sprache(n)
lernen
mit
Methode

161

Thema/Lernziel:
„Geballte" Wiederholung von Grammatikstrukturen oder Vokabeln zu einem bestimmten Wortfeld

Sozialform:
Plenum

Materialien:

Vorbereitung:

Dauer:
10 Minuten

Sprachniveau:
Ab Anfänger

Koffer packen

....**So geht's** ....

Der erste Spieler fängt an und sagt, was er mit in den Urlaub nimmt: *„Ich packe meinen Koffer und nehme eine Sonnenbrille mit."* Der zweite Spieler wiederholt diesen Satz und ergänzt, was er mitnimmt, beispielsweise *„Ich packe meinen Koffer und nehme eine Sonnenbrille und einen Fotoapparat mit."* So geht es immer weiter in der Runde. Wer nicht mehr alle Dinge aufzählen kann, scheidet aus.

.... **Variationsmöglichkeit**...........................

Gut geeignet ist dieses Spiel, um Adjektivflexionen einzuüben, also: *„Ich nehme eine rote Jacke, ein dickes Buch etc. mit."* Wenn man Vergangenheitsformen üben möchte, heißt der Ausgangssatz natürlich nicht *„Ich packe meinen Koffer"*, sondern z.B. *„Gestern bin ich in der Stadt gewesen und habe …"* Eine weitere Variation besteht darin, Wortfelder wie Kleidungsstücke, Schultasche etc. vorzugeben.

© Verlag an der Ruhr
Postfach 10 22 51
45422 Mülheim an der Ruhr
www.verlagruhr.de

Grammatikrennen

······················ So geht's ························

Der Spielleiter zeichnet auf das Plakat einen u-förmigen Parcours mit so vielen Bahnen, wie es Spieler oder Kleingruppen gibt. Jeder Spieler bzw. jede Gruppe steckt eine andersfarbige Stecknadel auf das Startfeld. Dann geht es los: Der Spielleiter stellt Fragen zur Grammatik, z.B. *„Wie heißt das Partizip von essen?"* oder *„Wie heißt der Artikel von Tasse?"* Wer die richtige Antwort kennt, ruft sie in die Klasse und rückt auf dem Parcours ein Feld vor. Wer eine falsche Antwort gibt, muss ein Feld zurückgehen.

Thema/Lernziel:
Wiederholung von Grammatikstrukturen, z.B. unregelmäßige Verben

Sozialform:
Plenum

Materialien:
Flipchart/Plakat, Filzstift, Stecknadeln mit verschiedenfarbigen Köpfen (so viele wie Spieler oder Kleingruppen)

Vorbereitung:
Evtl. Fragen vorbereiten

Dauer:
15 Minuten

Sprachniveau:
Ab Anfänger

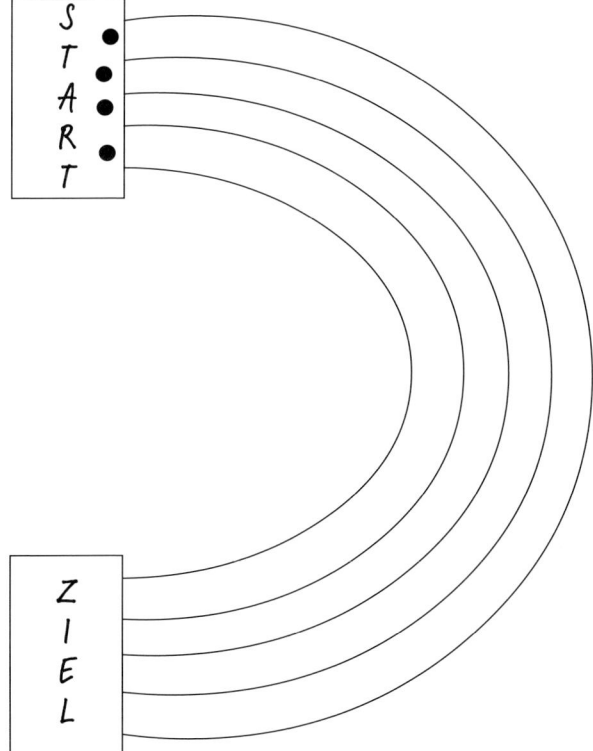

Thema/Lernziel:
Konjugationen,
verschiedene
Zeitformen

Sozialform:
Zweiergruppen

Materialien:
Würfel (pro
Spielgruppe ein
Würfel)

Vorbereitung:
—

Dauer:
5 Minuten

Sprachniveau:
Ab Anfänger

**Sprache(n)
lernen
mit
Methode**

16₄

© Verlag an der Ruhr
Postfach 10 22 51
45422 Mülheim an der Ruhr
www.verlagruhr.de

Verbwürfeln

......................................**So geht's**......................................

Es bilden sich Zweiergruppen. Spieler A nennt den Infinitiv eines Verbs (und eventuell auch die Zeitform, die benutzt werden soll). Spieler B würfelt und muss dann die Personalform des Verbs bilden, die ihm der Würfel zeigt.

Dabei gilt Folgendes:

- *1. Pers. Sg.*   *3. Pers. Sg.*   *2. Pers. Pl.*

- *2. Pers. Sg.*   *1. Pers. Pl.*   *3. Pers. Pl.*

Nun formuliert Spieler B mit dieser Verbform einen vollständigen Satz. Danach ist Spieler A mit Würfeln und Konjugieren an der Reihe.

Verbdreiecke

.... **So geht's** ....

Jeder Spieler bekommt 10 bis 15 leere Papierdreiecke, die er folgendermaßen beschriftet: Auf jede Seite eines Dreiecks schreibt er Infinitive oder Vergangenheitsformen von verschiedenen Verben. Dabei muss er beachten, dass es zu jeder Vergangenheitsform auf einem anderen Dreieck den passenden Infinitiv gibt. Dann tauscht der Spieler die Dreiecke mit seinem Nachbarn aus, und jeder versucht, sie jeweils so aneinander zu legen, dass die passenden Verbformen einander gegenüber liegen.

.... **Variationsmöglichkeit** ....

Anstelle von Verbformen kann man auch Adjektivpaare oder Gegensätze auf die Dreiecke schreiben.

Thema/Lernziel:
Vergangenheits-
formen

Sozialform:
Zweiergruppen

Materialien:
10 bis 15 Papier-
dreiecke pro
Spieler, evtl. Liste
mit unregelmäßi-
gen Verben

Vorbereitung:
Dreiecke aus Papier
ausschneiden

Dauer:
10 bis 15 Minuten

Sprachniveau:
Fortgeschrittene

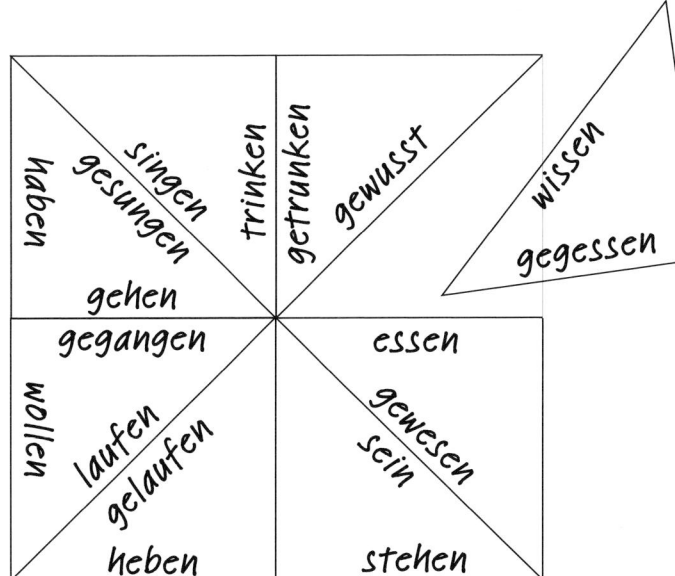

© Verlag an der Ruhr
Postfach 10 22 51
45422 Mülheim an der Ruhr
www.verlagruhr.de

Damals

Thema/Lernziel:
Vergangenheits-
formen, Kennen-
lernen der Gruppe

Sozialform:
Plenum

Materialien:

Vorbereitung:

Dauer:
15 bis 20 Minuten

Sprachniveau:
Ab Fortgeschrittene

·······················So geht's·······················

Jeder Spieler schreibt fünf Sätze über vergangene Ereignisse auf. Da es sich um ein Ratespiel handelt, sollten es keine Sätze sein, die Rückschlüsse auf das Alter des Spielers zulassen. Anhand von Sätzen wie *„Vor zwei Jahren war ich zum ersten Mal in Amerika"* oder *„Vor zehn Jahren habe ich 15 Kilo abgenommen"* sollen die Spieler erraten, um wen es sich handelt. Dabei kommt sicherlich so manche Überraschung ans Tageslicht.

- vor 10 Jahren habe ich ein rotes Auto gehabt

- vor drei Jahren habe ich eine große Party gefeiert

- vor zwei Jahren war ich in Prag

- vor zwei Monaten habe ich einen Malkurs besucht

- vor sechs Wochen hatte ich einen Unfall

© Verlag an der Ruhr
Postfach 10 22 51
45422 Mülheim an der Ruhr
www.verlagruhr.de

Zeitwürfel

......................................**So geht's**......................................

Jeder Spieler schreibt einen Infinitiv auf eine Karteikarte, beispielsweise trinken oder lesen. Die Karten werden eingesammelt und auf einen Stapel gelegt. Der erste Spieler würfelt. Dabei steht jede Zahl auf dem Würfel für eine bestimmte Zeitangabe.

Zum Beispiel ● heute ⚁⚁ letztes Jahr

           ⠂ gestern ⚄ vorgestern

           ⠃ morgen ⚅ nächste Woche

Dann zieht ein Spieler eine Karte vom Stapel und muss mit der Zeitangabe, die der gewürfelten Zahl zugeordnet ist, einen Satz bilden. Dabei muss der Spieler darauf achten, die richtige Zeitform zu benutzen. Wenn der Spieler beispielsweise eine _1_ würfelt und das Verb _trinken_ zieht, könnte sein Satz _„Heute trinken wir Tee."_ heißen. Wenn er hingegen eine _4_ würfelt, müsste er sagen: _„Letztes Jahr tranken wir Tee"_.

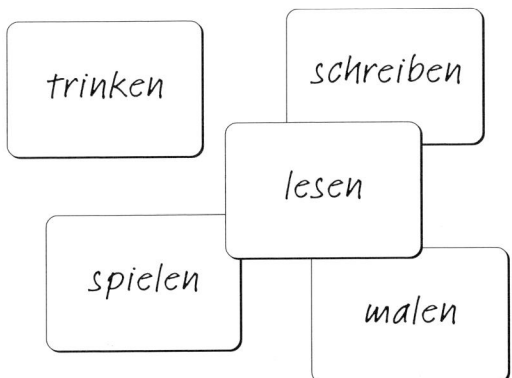

Thema/Lernziel:
Verschiedene
Zeitformen

Sozialform:
Plenum

Materialien:
Würfel, leere
Karteikarten

Vorbereitung:
—

Dauer:
10 Minuten

Sprachniveau:
Fortgeschrittene

**Sprache(n)
lernen
mit
Methode**

167

© Verlag an der Ruhr
Postfach 10 22 51
45422 Mülheim an der Ruhr
www.verlagruhr.de

Architekten

Thema/Lernziel:
Imperativ, räumliche
Lagebezeichnungen

Sozialform:
Zweiergruppen

Materialien:
Eine Fülle von
Materialien wie
Bierdeckel, Streich-
holzschachteln,
Filmdöschen,
Zahnstocher etc.

Vorbereitung:
Bastelmaterial
zusammenstellen
(pro Zweiergruppe
zwei gleiche Sets)

Dauer:
10 bis 15 Minuten

Sprachniveau:
Fortgeschrittene

·····················So geht's·····················

Die Spieler werden in Zweiergruppen aufgeteilt, die jeweils
mit dem Rücken zueinander sitzen. Beide Spieler bekommen dieselben Materialien zum Basteln, wie Bierdeckel,
Streichholzschachteln etc. Spieler A baut aus seinem
Material etwas Beliebiges: er darf dabei seine Gegenstände neben-, aber auch übereinander legen. Wichtig ist, dass
B nicht sehen kann, was A bastelt. Anhand der Beschreibungen und Anweisungen, die ihm A gibt, soll B das Gleiche mit seinem Material nachbauen. Am Ende werden
die beiden so entstandenen Werke verglichen.

© Verlag an der Ruhr
Postfach 10 22 51
45422 Mülheim an der Ruhr
www.verlagruhr.de

Foto nachstellen

....So geht's...

Eine Gruppe von zwei bis drei Spielern erhält ein Foto, das von den anderen Spielern nachgestellt werden soll. Sie bekommen dazu von den anderen die entsprechenden Anweisungen.

Zum Beispiel „Setz dich auf einen Stuhl, schlag das linke Bein über das rechte und halte die linke Hand so, als ob du ein Glas in der Hand hältst."
Ein anderer Spieler bekommt dann folgende Anweisungen:
„Stell dich rechts hinter ihn und lege ihm die rechte Hand auf die Schulter."

Am Ende sollten die Spieler die Szene auf dem Foto nachgestellt haben.

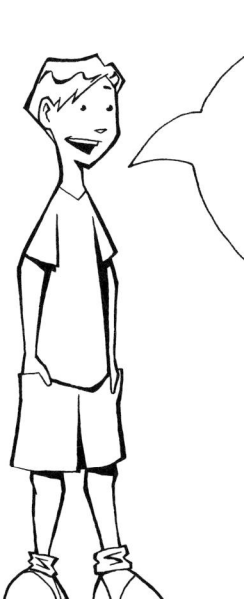

Setz dich auf einen Stuhl, schlag das linke Bein über das rechte und halte die linke Hand so, als ob du ein Glas in der Hand hältst!

Thema/Lernziel:
Körperteile, Imperativformen, Präpositionen, Aufwärmen der Spieler für Pantomime

Sozialform:
Plenum

Materialien:
Fotos, auf denen viele verschiedene Personen in unterschiedlichen Körperhaltungen und Konstellationen zueinander abgebildet sind.

Vorbereitung:
Geeignete Fotos heraussuchen

Dauer:
10 bis 15 Minuten

Sprachniveau:
Profis

Zu Befehl!

Thema/Lernziel:
Imperativformen

Sozialform:
Plenum

Materialien:
Kleine, leere Zettel,
Hut oder ähnlicher
Behälter

Vorbereitung:
—

Dauer:
20 Minuten

Sprachniveau:
Ab Fortgeschrittene

.... So geht's ....

Jeder Spieler bekommt die Aufgabe, für seinen rechten Nachbarn einen Auftrag auf einen Zettel zu schreiben, beispielsweise *„Öffne die Tür, Susi!"* oder *„Nenne die Monate des Jahres, Peter!"* Der Spielleiter sammelt die Zettel ein. Dann zieht ein Spieler einen Auftrag und liest ihn vor. Der genannte Spieler muss die Aufgabe erfüllen und liest den nächsten Auftrag vor.

.... Variationsmöglichkeit ....

Für den Fremdsprachenunterricht: Der Spielleiter bereitet die Karten vor und schreibt Aufträge auf Deutsch auf die Karten. Jeder Spieler bekommt eine Karte, erledigt die Aufgabe und die anderen Spieler erklären in der Fremdsprache, was gemacht wurde.

© Verlag an der Ruhr
Postfach 10 22 51
45422 Mülheim an der Ruhr
www.verlagruhr.de

Rotes Tuch

Grammatik-
Spiele

·····························**So geht's**·····························

Der Spielleiter wirft das geknotete Tuch einem Spieler zu
und gibt ihm dazu eine Aufgabe, beispielsweise *„Pack das
Tuch in deine Tasche."* Der Spieler führt den Auftrag aus
und wirft das Tuch dann mit einer neuen Aufgabe zu einem Mitspieler. Die Aufgaben sollten im Imperativ formuliert sein. Das Spiel endet, wenn jeder Mitspieler we-
nigstens einmal das Tuch geworfen hat.

> *Norbert, geh vor
> die Tür, mach die
> Tür zu, klopf drei-
> mal an, und komm
> wieder herein!*

Thema/Lernziel:
Präpositionen,
Imperativformen

Sozialform:
Plenum

Materialien:
Kleines rotes Tuch,
zu einem Ball
geknotet

Vorbereitung:
—

Dauer:
5 bis 10 Minuten

Sprachniveau:
Fortgeschrittene

Sprache(n)
lernen
mit
Methode

171

Wenn ... dann-Kette

Thema/Lernziel:
Konditional

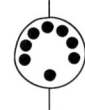

Sozialform:
Plenum

Materialien:
—

Vorbereitung:
—

Dauer:
5 bis 10 Minuten

Sprachniveau:
Profis

·· **So geht's** ··

Der Spielleiter beginnt einen Bedingungssatz:
„Wenn ich mehr Geld hätte, ..."
Ein Spieler ergänzt den Satz:
„... würde ich eine Weltreise machen."

Dann muss der nächste Spieler den zweiten Teil des Satzes als Anfang eines neuen Bedingungssatzes nehmen und diesen Satz vervollständigen, z.B. *„Wenn ich eine Weltreise machen würde, würde ich nach China fahren o.Ä."*

Wenn sich keine sinnvollen Sätze mehr bilden lassen, kann man einen neuen Ausgangssatz wählen.

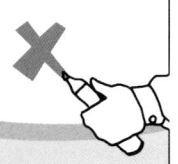

Sprache(n)
lernen
mit
Methode

172

© Verlag an der Ruhr
Postfach 10 22 51
45422 Mülheim an der Ruhr
www.verlagruhr.de

Was wäre wenn ...?

·····························So geht's ····························

Die Situationskarten liegen auf einem Stapel. Ein Spieler zieht die oberste Karte und liest zum Beispiel die Frage vor: *„Was würdest du machen, wenn du an der Grenze merkst, dass du deinen Pass zu Hause vergessen hast?"* Nun schreibt jeder Spieler auf, was er machen würde. Die Antworten werden anschließend vorgelesen. Dann zieht ein anderer Spieler die nächste Karte, auf der zum Beispiel steht: *„Was würdest du in Deutschland ändern, wenn du Bundeskanzler wärst?"*

 Thema/Lernziel:
Konditional

 Sozialform:
Plenum

 Materialien:
10 bis 15
Situationskarten

 Vorbereitung:
Situationskarten
schreiben

 Dauer:
10 bis 20 Minuten

 Sprachniveau:
Profis

> Ich würde viel
> mehr reisen
> als er.

> Was würdest du in
> Deutschland ändern,
> wenn du Bundes-
> kanzler wärst?

> Ich würde mehr
> für die Umwelt
> tun.

> Ich würde dafür
> sorgen, das es
> weniger Arbeits-
> lose gibt.

Sprache(n)
lernen
mit
Methode

173

Wenn ich du wäre ...

Thema/Lernziel:
Konditionalsätze,
Tiernamen

Sozialform:
Plenum

Materialien:
—

Vorbereitung: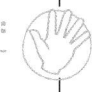
—

Dauer:
10 bis 15 Minuten

Sprachniveau:
Profis

··· **So geht's** ···

Ein Spieler verlässt den Raum. Unterdessen vereinbaren seine Mitspieler ein Tier, das er erraten muss, beispielsweise *Elefant*. Wenn der Spieler wieder hereinkommt, geben die anderen ihm Hinweise zu seiner „Identität". Diese Tipps sollten zu Beginn noch versteckt sein und nicht zu viel verraten.

<u>Zum Beispiel</u> *„Wenn ich du wäre, wäre ich sehr groß."*
oder
„Wenn ich du wäre, würde ich in verschiedenen Ländern leben."
Der ratende Spieler kann auch Fragen stellen, wie z.B. *„Würdet ihr an meiner Stelle im Wasser leben?"*
oder
„Würdet ihr in Deutschland heimisch sein?"

Wenn dem Spieler das Raten schwer fällt, können die Hinweise etwas konkreter werden.

··················· **Variationsmöglichkeit** ···················

Statt Tieren können auch Berufe oder Gegenstände erraten werden.

Würdet ihr an meiner Stelle im Wasser leben?

Sprache(n)
lernen
mit
Methode

174

© Verlag an der Ruhr
Postfach 10 22 51
45422 Mülheim an der Ruhr
www.verlagruhr.de

Alles anders

.... So geht's ....

Es werden vier bis sechs Personen ausgewählt, die jeweils als Zweierteams zusammenarbeiten. Sie müssen den Raum verlassen. Die anderen Spieler verändern unterdessen möglichst viel im Klassenraum: Sie öffnen beispielsweise das Fenster oder den Schrank, schreiben etwas an die Tafel, hängen eine Jacke über einen Stuhl etc. Ein Spieler führt Protokoll und hält stichpunktartig alle Veränderungen fest.

Dann werden die Zweiergruppen wieder hereingerufen. Sie müssen nun innerhalb von drei Minuten so viele Veränderungen wie möglich notieren. Am Ende wird ausgewertet. Für die Veränderungen, die jede Gruppe gefunden hat, gibt es 5 Punkte, für die, die nur zwei Gruppen aufgefallen sind, werden 10 Punkte notiert und wenn eine Gruppe allein etwas entdeckt hat, erhält sie 20 Punkte. Die Punkte werden dann addiert.

 **Thema/Lernziel:**
Passivformen,
Präpositionen

 Sozialform:
Plenum

 Materialien:
—

 Vorbereitung:
—

 Dauer:
10 bis 15 Minuten

 Sprachniveau:
Ab Fortgeschrittene

Sprache(n)
lernen
mit
Methode

175

Thema/Lernziel:
Präpositionen und
Lagebezeich-
nungen

Sozialform:
Plenum

Materialien: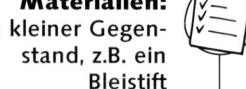
Ein kleiner Gegen-
stand, z.B. ein
Bleistift

Vorbereitung:

Dauer:
5 Minuten

Sprachniveau:
Ab Anfänger

Versteckspiel

.... **So geht's** ....

Ein Spieler verlässt den Raum, die anderen einigen sich
auf ein Versteck für den Gegenstand. Dann wird der Spieler wieder ins Zimmer gerufen und muss durch geschicktes Fragen herausfinden, wo der Gegenstand verborgen
ist. Die Mitspieler dürfen auf seine Fragen nur mit Ja und
Nein antworten.

.... **Variationsmöglichkeit** ....

Das Versteckspiel wird als Schatzsuche gestaltet. Ein Spieler verlässt den Raum, die Gruppe überlegt sich, wo die
Schätze (z.B. Bonbons) versteckt werden können, beispielsweise in einer Tasche, unter dem Vorhang, zwischen der
Heizung etc.

Dann versucht der Schatzsucher, den Schatz wiederum
durch Fragen aufzuspüren. Wenn er ein Versteck erraten
hat, darf er den Schatz behalten. So geht es weiter, bis er
alles gefunden hat. Wenn es zu lange dauert, kann die
Gruppe ihm ein paar Tipps geben.

© Verlag an der Ruhr
Postfach 10 22 51
45422 Mülheim an der Ruhr
www.verlagruhr.de

Satzbaurekord

.... **So geht's** ....

Jeder Spieler erhält 15–20 Wortschnipsel, aus denen ein möglichst langer Satz gebildet werden soll. Wenn alle fertig sind, lesen sie ihre verschiedenen Sätze vor. Wer den längsten korrekten Satz gefunden hat, gewinnt.

.... **Variationsmöglichkeit** ....

Man kann für jede Wortart andersfarbige Zettel benutzen und die Vorgabe machen, dass jede Farbe pro Satz mindestens einmal benutzt werden soll.

Thema/Lernziel:
Satzbau

Sozialform:
Einzeln

Materialien:
Je Spieler ein Set aus 15 bis 20 kleinen Zetteln mit Wörtern verschiedener Wortarten beschriftet

Vorbereitung:
Zettel mit verschiedenen Wortarten beschriften.
Am einfachsten: ein DIN-A4-Blatt in 15 bis 20 Felder aufteilen, in jedes Feld ein Wort schreiben und das Blatt kopieren.
Zum Schluss werden mehrere Blätter übereinander gelegt und entsprechend geschnitten.

Dauer:
5 bis 10 Minuten

Sprachniveau:
Ab Anfänger

© Verlag an der Ruhr
Postfach 10 22 51
45422 Mülheim an der Ruhr
www.verlagruhr.de

Grammatik unterwegs

Thema/Lernziel:
Festigung des
Satzbaus und
bestimmter
Grammatik-
strukturen

Sozialform:
Plenum

Materialien:
Zettel mit Wörtern

Vorbereitung:
DIN-A4-Blätter mit
Satzgliedern
beschriften. Die
Verben sollten
konjugiert sein. Am
besten nimmt man
für jedes Satzglied
eine andere
Papierfarbe, etwa
rot für das Subjekt,
blau für das
Akkusativobjekt
etc.

Dauer:
10 Minuten

Sprachniveau:
Fortgeschrittene

·· **So geht's** ··

Ein Spieler bekommt ein Blatt, auf dem ein Subjekt steht. Er hält das Blatt hoch und stellt sich vor die Klasse. Dann fragt der Spielleiter zum Beispiel *„Was macht …?"* Ein anderer Spieler erhält eine Prädikatkarte und muss sich auf die richtige Seite des Subjekts stellen. Dann folgen W-Fragen *(Wie?, Wann?, Wo?, Mit wem? etc.)* und die betreffenden Spieler müssen sich ebenfalls an die richtige Stelle im Satz einreihen und ihre Karte hochhalten.

Zum Beispiel ➤ Subjekt *Monika*
Der Spielleiter fragt:
„Was macht Monika?"
➤ Prädikat *schwimmt*
„Wann schwimmt Monika?" …

······················· **Variationsmöglichkeit** ·······················

Jeder Spieler bekommt einen Zettel mit einem Wort. Alle stellen sich im Raum auf und versuchen, sich zu einem korrekten Satz zu formieren. Ein Spieler schreibt den Satz an die Tafel, dann beginnt der Bau eines neuen Satzes.

Was macht Monika?

© Verlag an der Ruhr
Postfach 10 22 51
45422 Mülheim an der Ruhr
www.verlagruhr.de

Mit der Zeit gehen

·········· So geht's ··········

Ein einfacher Hauptsatz wird an die Tafel geschrieben, beispielsweise *Silke kocht Kaffee*. Dann zeigt der Spielleiter der Gruppe eine Karte mit einer Zeitangabe und der Satz muss entsprechend verändert werden.

<u>Zum Beispiel</u> Steht auf der Karte etwa „gestern" müsste der Satz korrekt heißen: „Silke hat gestern Kaffee gekocht"; steht darauf „Um 14 Uhr", lautet er „Um 14 Uhr kocht Silke Kaffee."

Nachdem der Ausgangssatz fünfmal umgeformt wurde, wird ein neuer, längerer Satz (H + NS) angeschrieben und wieder mit Hilfe der Karte verändert.

Silke kocht Kaffee.
Gestern hat Silke Kaffee gekocht.
Um 14 Uhr kocht Silke Kaffee.

Thema/Lernziel:
Satzstellung

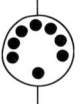

Sozialform:
Plenum

Materialien:
Mindestens DIN-A5 große Karten

Vorbereitung:
Karten mit Zeitangaben beschriften (gestern, nächsten Dienstag, um 14 Uhr etc.)

Dauer:
5 bis 10 Minuten

Sprachniveau:
Ab Anfänger

Sprache(n) lernen mit Methode

179

© Verlag an der Ruhr
Postfach 10 22 51
45422 Mülheim an der Ruhr
www.verlagruhr.de

Thema/Lernziel:
Nebensätze

Sozialform:
Zweiergruppen

Materialien:
—

Vorbereitung:
—

Dauer:
10 Minuten

Sprachniveau:
Fortgeschrittene

Satzhälfte

................................So geht's ....

Jeweils zwei Spieler arbeiten zusammen. Jeder von ihnen faltet ein Blatt Papier längs auf die Hälfte. Nun schreibt jeder in die linke Spalte einen Satzanfang. Die Blätter werden ausgetauscht, und der Partner muss den Satz ergänzen. Dann werden neue Satzteile formuliert.

Zum Beispiel ➤ *Weil es kalt ist,*
                  „… ziehe ich eine Jacke an."
                ➤ *Ich hoffe,*
                  „… dass es morgen nicht regnet."

.... **Variationsmöglichkeit**............................

Immer vier Spieler bilden ein Team. Die Blätter werden in vier Streifen geknickt. In das erste Feld schreibt jeder Spieler einen Hauptsatz, an den sich ein Nebensatz anschließen kann. Dann wird jedes Blatt im Uhrzeigersinn nach rechts weiter gegeben. Der neue Spieler fügt einen Nebensatz hinzu und faltet das Blatt so, dass der Nächste nur den Hauptsatz, aber nicht den Nebensatz lesen kann. Nun schreibt dieser ebenfalls einen Nebensatz. Wenn alle vier Spieler Sätze ergänzt haben, bekommt jeder Spieler sein eigenes Blatt zurück und liest die Varianten vor.

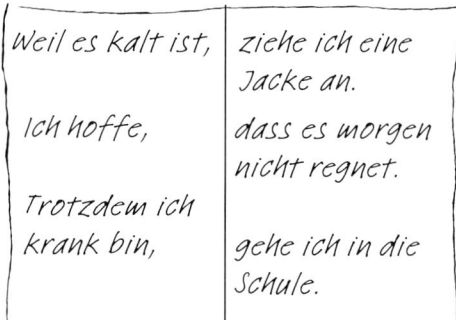

Weil es kalt ist,	ziehe ich eine Jacke an.
Ich hoffe,	dass es morgen nicht regnet.
Trotzdem ich krank bin,	gehe ich in die Schule.

Schlangensatz

.... So geht's ....

Jeder Spieler bekommt eine Karte. Die Spieler gehen in der Klasse umher und finden sich zu zweit zusammen. Jedes Paar muss nun versuchen, mit seinen zwei Wörtern einen Satz zu bilden, den sich beide notieren. Dann finden sich neue Paarungen und die jeweiligen Sätze werden mit den neuen Wörtern ergänzt. So geht es weiter, bis alle einen Satz notiert haben, in dem die Wörter aller Spieler vorkommen. Dann werden die Sätze vorgelesen und der Satzbau wird überprüft.

Thema/Lernziel:
Satzbau

Sozialform:
Plenum

Materialien:
Karten mit einzelnen Wörtern (so viele wie Spieler)

Vorbereitung:
Karten mit Wörtern beschriften

Dauer:
10 Minuten

Sprachniveau:
Ab Fortgeschrittene

schwimmen

abends

Bandwurmsatz

Thema/Lernziel
Satzbau

Sozialform:
Plenum
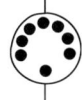

Materialien:
—

Vorbereitung:
—

Dauer:
5 bis 10 Minuten

Sprachniveau:
Ab Anfänger

···So geht's ···

Ein Spieler bildet einen einfachen Satz. Der nächste Spieler muss nun einen Satz finden, der mit dem letzten Wort des vorhergehenden Satzes beginnt. Das geht nach dem gleichen Prinzip so weiter. Um die Übung zu vereinfachen, sind Singular- und Pluralformen sowie Flexionen zugelassen.

Zum Beispiel ➤ *Das Essen ist lecker.*
➤ *Leckeres Essen gibt es im Restaurant.*
➤ *Restaurants kenne ich viele.*
➤ *Viel Geld habe ich nicht.*

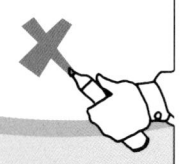

Sätze kürzen

.... **So geht's** ....

Ein Spieler schreibt einen sehr langen Satz (mit Hauptsatz und Nebensatz) an die Tafel. Die Spieler kürzen den Satz schrittweise, indem zum Beispiel zuerst die Orts-, dann die Zeitangabe etc. weggelassen wird.

<u>Zum Beispiel</u> ➤ *Gabi spielt den ganzen Tag mit ihrer Tochter Sandra auf dem großen Balkon, weil sie ausnahmsweise nicht arbeiten muss.*
➤ *Gabi spielt den ganzen Tag mit Sandra, weil sie nicht arbeiten muss.*
➤ *Gabi spielt mit Sandra, weil sie nicht arbeiten muss.*

.... **Variationsmöglichkeit** ....

Es wird ein kurzer Satz, der nur aus Subjekt und Prädikat besteht, an die Tafel geschrieben, und die Spieler verlängern den Satz Stück für Stück.

Thema/Lernziel:
Satzbau

Sozialform:
Plenum

Materialien:
—

Vorbereitung:
—

Dauer:
10 Minuten

Sprachniveau:
Ab Fortgeschrittene

> Gabi spielt den ganzen Tag mit ihrer Tochter
> Sandra auf dem großen Balkon, weil sie aus-
> nahmsweise nicht arbeiten muss.
>
> Gabi spielt den ganzen Tag mit Sandra, weil sie
> nicht arbeiten muss.
>
> Gabi spielt mit Sandra, weil sie nicht arbeiten
> muss.

Sprache(n)
lernen
mit
Methode

183

Aus Alt mach Neu

Thema/Lernziel:
Satzbau

Sozialform:
Dreier- oder
Vierergruppen

Materialien:
Sanduhr

Vorbereitung:
—

Dauer:
20 Minuten

Sprachniveau:
Fortgeschrittene

.... **So geht's** ....

Gespielt wird in Dreier- oder Vierergruppen. Im Wettlauf mit der Sanduhr müssen die Gruppen selbst Sätze bilden. Vorgegeben wird ein Satz, beispielsweise *„Morgens gehe ich mit meiner Freundin in die Stadt."* Nun müssen die Spieler neun neue Sätze bilden. Jeder Satz soll mit einem anderen Wort des Ausgangssatzes enden. Sieger ist die Gruppe, die innerhalb von zehn Minuten die meisten korrekten Sätze gebildet hat. Anhand von fehlerhaften Sätzen kann der Spielleiter auf bestimmte Grammatik-probleme eingehen.

<u>Zum Beispiel</u> Aus dem genannten Satz lassen sich folgende Sätze bilden:

➤ *Kaffee trinke ich immer **morgens**.*
➤ *Ich weiß nicht, ob ich ins Kino **gehe**.*
➤ *Die Antwort kenne nur **ich**.*
➤ *Ich komme **mit**.*
➤ *Das ist **meiner**!*
➤ *Er hat eine neue **Freundin**.*
➤ *Plateauschuhe sind nicht mehr **in**.*
➤ *Willst du die oder **die**?*
➤ *Köln ist eine große **Stadt**.*

.... **Variationsmöglichkeit** ....

Die neu gebildeten Sätze müssen mit einem Wort aus dem Ausgangssatz beginnen.

Schnipselsatz

······················· **So geht's** ·······················

Jeder Spieler wählt aus einer Textvorlage einen Satz, schreibt diesen in deutlichen Buchstaben auf einen Zettel und schneidet oder reißt den Satz so auseinander, dass auf jedem Papierschnipsel ein Wort steht. Dann legt jeder seinen Schnipselsatz auf einen Tisch. Die Spieler gehen im Klassenraum umher und fügen die Schnipselhaufen wieder zu Sätzen zusammen. Wenn ein Spieler einen Satz gebildet hat, mischt er die Schnipsel erneut, damit sich noch ein anderer daran versuchen kann.

···················· **Variationsmöglichkeiten** ····················

1. Die Spieler wählen keine Sätze aus einem bekannten Text aus, sondern denken sich selbst Sätze aus, die entsprechend „zerschnippelt" werden.

2. Die Spieler werden in Zweier-, Dreier- oder Vierergruppen aufgeteilt. Jede Gruppe erhält einen Briefumschlag, in dem sich ein in einzelne Wörter zerschnittener Satz befindet. Die Spieler müssen nun alle Elemente zu einem korrekten Satz zusammenlegen. Sie notieren ihn und zeigen ihn dem Spielleiter. Stimmt der Satz nicht, muss die Gruppe erneut überlegen. Wenn er richtig ist, bekommt sie den nächsten Umschlag. Gewonnen hat das Team, das in der vorgegebenen Zeit die meisten Sätze richtig zusammengesetzt hat.

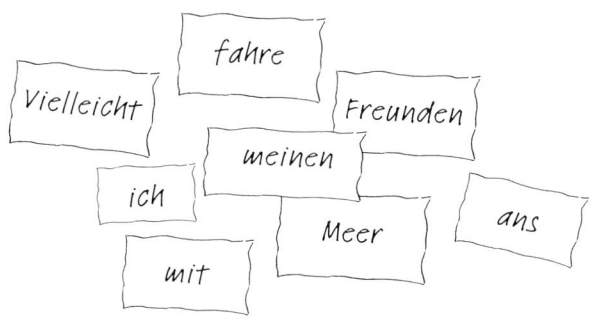

Thema/Lernziel:
Satzbau

Sozialform:
Plenum

Materialien:
Textvorlage,
evtl. Scheren

Vorbereitung:
Geeigneten Text
aussuchen

Dauer:
10 Minuten

Sprachniveau:
Ab Anfänger

Sprache(n)
lernen
mit
Methode
185

Grammatik-Spiele

Thema/Lernziel:
Wortschatz,
Satzbau

Sozialform:
Einzeln

Materialien:
—

Vorbereitung:
—

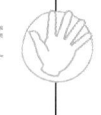

Dauer:
10 Minuten

Sprachniveau:
Profis

Sätze bilden

....**So geht's**..

Der Spielleiter schreibt von einem Satz nur jeweils die Anfangsbuchstaben der einzelnen Wörter an die Tafel. Die Spieler müssen nun aus diesen Vorgaben einen Satz bilden. Danach gibt ein Spieler neue Buchstaben vor.

A A E I E B

Am	Abend	esse	ich	eine	Banane.
Auch	Astrid	erhält	immer	ein	Butterbrot.

**Sprache(n)
lernen
mit
Methode**

186

© Verlag an der Ruhr
Postfach 10 22 51
45422 Mülheim an der Ruhr
www.verlagruhr.de

© Verlag an der Ruhr
Postfach 10 22 51
45422 Mülheim an der Ruhr
www.verlagruhr.de

Alphabetisches Register

© Verlag an der Ruhr
Postfach 10 22 51
45422 Mülheim an der Ruhr
www.verlagruhr.de

Borgwardt, Ulf:
88 Unterrichtsrezepte Russisch.
Eine Sammlung interaktiver
Übungsideen.
Klett Verlag 1996,
ISBN: 978-3-12-527480-8.

Friedrich, Thorsten/Jan, Eduard von:
Lernspielekartei.
Spiele und Aktivitäten für einen
kommunikativen Sprachunterricht.
Hueber Verlag 1985,
ISBN: 978-3-19-002328-8.

Gauthey, Sylvie/
Spiekermann, Danielle:
Die Fundgrube für den Franzö-
sisch-Unterricht. Das Nach-
schlagewerk für jeden Tag.
Scriptor Verlag 1994,
ISBN: 978-3-589-21032-9.

Gressmann, Michael:
Die 2. Fundgrube für Vertretungs-
stunden in der Sekundarstufe I.
Scriptor Verlag 1998,
ISBN: 978-3-589-21140-1.

Gugel, Günther:
Methoden-Manual I. Neues
Lernen. Tausend Praxisvorschläge
für Schule und Lehrerbildung.
Beltz Verlag 1997,
ISBN: 978-3-407-25186-2.

Gugel, Günther:
Methoden-Manual II. Neues
Lernen. Tausend neue Praxis-
vorschläge für Schule und
Lehrerbildung.
Beltz Verlag 1998,
ISBN: 978-3-407-25214-2.

Kaminski, Winfred/Müller, Martina:
Werkstatt Schreiben.
Ideen für die Klassen 8–10.
Matthias Grünewald Verlag 1996,
ISBN: 978-3-7867-1966-3.

Orme, Helen:
Französisch kommunikativ:
erste Wörter, erste Sätze.
Verlag an der Ruhr 1999,
ISBN: 3-86072-427-9.

Portmann, Rosemarie/
Schneider, Elisabeth:
Mit Sprache spielen.
Verlag Don Bosco Medien 1997,
ISBN: 978-3-7698-1038-7.

Rinvolucri, Mario/Davis, Paul:
66 Grammatikspiele Italienisch.
Klett Verlag 1996,
ISBN: 978-3-12-526290-4.

Rusterholz, Beat:
Sprachschatz. Werkstatt für
einen kreativen Sprachunterricht.
Verlag an der Ruhr 1997,
ISBN: 978-3-86072-271-8.

Schiffler, Ludger:
Learning by doing im
Fremdsprachenunterricht.
Handlungs- und praxisorientierter
Fremdsprachenunterricht mit
und ohne Lehrbuch.
Hueber Verlag 1998,
ISBN: 978-3-19-006628-5.

Schlemminger, Gerald/Brysch, Thomas/
Schewe, Manfred Lukas (Hrsg):
Pädagogische Konzepte für einen
ganzheitlichen DaF-Unterricht.
Cornelsen Verlag 2000,
ISBN: 978-3-464-20920-2.

Sion, Christopher (Hrsg.):
88 Unterrichtsrezepte Deutsch
als Fremdsprache. Eine Samm-
lung interaktiver Übungsideen.
Klett-Verlag 1995,
ISBN: 978-3-12-526240-9.

Spier, Anne:
Mit Spielen Deutsch lernen.
Spiele und spielerische Übungs-
formen für den Unterricht mit
ausländischen Kindern, Jugend-
lichen und Erwachsenen.
Scriptor Verlag 1999,
ISBN: 978-3-589-21341-2.

Stich, Bernhard:
Englisch im Spiel.
Verlag an der Ruhr 1988,
ISBN: 978-3-924884-84-0.

Theis, Karlheinz:
Unterhaltsame Rätsel & Spiele.
Für geistige Fitness.
Falken Verlag 2000,
ISBN: 978-3-8068-2630-2.

Wicke, Rainer E.:
Vom Text zum Projekt.
Kreative Textarbeit und
offenes Lernen im Unterricht
„Deutsch als Fremdsprache".
Cornelsen Verlag 1997,
ISBN: 978-3-464-20794-9.

Literatur-tipps

Sprache(n)
lernen
mit
Methode

© Verlag an der Ruhr
Postfach 10 22 51
45422 Mülheim an der Ruhr
www.verlagruhr.de